Kauderwelsch
Band 172

Impressum

Michael Klevenhaus
Schottisch-Gälisch – Wort für Wort
erschienen im
REISE KNOW-HOW Verlag Peter Rump GmbH
Osnabrücker Str. 79, D-33649 Bielefeld
info@reise-know-how.de

2. Auflage 2005

Bearbeitung & Layout Claudia Schmidt
Layout-Konzept Günter Pawlak, FaktorZwo! Bielefeld
Umschlag Peter Rump (Titelfoto: Michael Klevenhaus)
Kartographie Iain Macneish
Fotos Michael Klevenhaus
Druck und Bindung Fuldaer Verlagsanstalt GmbH & Co. KG, Fulda

ISBN 3-89416-352-6
Printed in Germany

Dieses Buch ist erhältlich in jeder Buchhandlung der BRD, Österreichs, der Schweiz und der Benelux. Bitte informieren Sie Ihren Buchhändler über folgende Bezugsadressen:

BRD Prolit GmbH, Postfach 9, 35461 Fernwald (Annerod) sowie alle Barsortimente
Schweiz AVA-buch 2000, Postfach 27, CH-8910 Affoltern
Österreich Mohr Morawa Buchvertrieb GmbH, Sulzengasse 2, A-1230 Wien
Belgien & Niederlande Willems Adventure, Postbus 403, NL-3140 AK Maassluis
direkt Wer im Buchhandel kein Glück hat, bekommt unsere Bücher zuzüglich Porto- und Verpackungskosten auch direkt über unseren Internet-Shop: **www.reise-know-how.de**

Zu diesem Buch ist ein **Tonträger** erhältlich, ebenfalls in jeder Buchhandlung der BRD, Österreichs, der Schweiz und der Benelux-Staaten.

Der Verlag möchte die **Reihe Kauderwelsch** weiter ausbauen und **sucht Autoren**!
Mehr Informationen finden Sie auf unserer Internetseite
www.reise-know-how.de/buecher/special/schreiblust-inhalt.html

Kauderwelsch

Michael Klevenhaus

Schottisch-Gälisch

Wort für Wort

Bu toil leam taing a thoirt do:
Inge Gerbracht, C. Mona Striewe, Dietmar Schütz, Iain MacIlleChiar, Sìm Innes, Crìsdean Dillon (nach maireann), Fionnghal NicPhàdraig, BBC-Radio nan Gàidheal, an luchd Gàidhlig-B gu h-àiridh do Mhìcheal Bauer (Mìcheal eile) airson ceartachadh na Gàidhlig agus Klaus Herkenrath – tha fios agad carson.

Kauderwelsch-Sprechführer sind anders!

Warum? Weil sie Sie in die Lage versetzen, wirklich zu sprechen und die Leute zu verstehen.

Wie wird das gemacht? Abgesehen von dem, was jedes Sprachbuch bietet, nämlich Vokabeln, Beispielsätze etc., zeichnen sich die Bände der Kauderwelsch-Reihe durch folgende Besonderheiten aus:

Die **Grammatik** wird in einfacher Sprache so weit erklärt, dass es möglich wird, ohne viel Paukerei mit dem Sprechen zu beginnen, wenn auch nicht gerade druckreif.

Alle Beispielsätze werden doppelt ins Deutsche übertragen: zum einen **Wort-für-Wort**, zum anderen in „ordentliches" Hochdeutsch. So wird das fremde Sprachsystem sehr gut durchschaubar. Denn in einer fremden Sprache unterscheiden sich z. B. Satzbau und Ausdrucksweise recht stark vom Deutschen. Ohne diese Übersetzungsart ist es so gut wie unmöglich, schnell einzelne Wörter in einem Satz auszutauschen.

Die **Autorinnen** und **Autoren** der Reihe sind Globetrotter, die die Sprache im Land selbst gelernt haben. Sie wissen daher genau, wie und was die Leute auf der Straße sprechen. Deren Ausdrucksweise ist nämlich häufig viel einfacher und direkter als z. B. die Sprache der Literatur oder des Fernsehens.

Besonders wichtig sind im Reiseland **Körpersprache, Gesten, Zeichen** und **Verhaltensregeln**, ohne die auch Sprachkundige kaum mit Menschen in guten Kontakt kommen. In allen Bänden der Kauderwelsch-Reihe wird darum besonders auf diese Art der nonverbalen Kommunikation eingegangen.

Kauderwelsch-Sprechführer sind keine Lehrbücher, aber viel mehr als Sprachführer! Wenn Sie ein wenig Zeit investieren und einige Vokabeln lernen, werden Sie mit ihrer Hilfe in kürzester Zeit schon Informationen bekommen und Erfahrungen machen, die „taubstummen" Reisenden verborgen bleiben.

Inhalt

9 Vorwort
10 Hinweise zur Benutzung
12 Über die Sprache
13 *Karte von Schottland*
14 Aussprache, Lautschrift & Betonung
21 Wörter, die weiterhelfen

Grammatik

22 Hauptwörter
23 Der, die, das – Dieses & Jenes
24 Eigenschaftswörter
25 Persönliche Fürwörter
26 Das Verb „bi“ (sein)
29 Die Verlaufsform
31 Das Verb „is“ (sein)
33 Regelmäßige Verben & Zeiten
37 Unregelmäßige Verben
39 Von Fall zu Fall – die Beugung
45 Umstandswörter
46 Steigern & Vergleichen
47 Verhältniswörter
52 Besitzanzeigende Fürwörter
53 Haben & Besitzen
55 Müssen, Möchten, Können, Dürfen, Sollen
57 Fragen mit Fragewörtern
60 Bindewörter
62 Zahlen & Zählen
68 Zeit & Datum

Konversation

77 Kurz-Knigge
80 Schottisch-gälische Namen & Anrede
82 Begrüßen & Verabschieden
85 Das erste Gespräch
89 Bitten, Danken, Wünschen
91 Das Wetter
93 Zu Gast sein
95 Musik
97 Flirt & Liebe
100 Unterwegs
114 Über Stock & Stein
118 Übernachten
122 Essen & Trinken
134 Einkaufen
138 Bank
139 Geld & Bezahlen
142 Post
143 Telefon & Internet
147 Fotografieren
148 Krank sein
154 Rauchen
155 Toilette
156 Schimpfen & Fluchen

Anhang

158 Literaturhinweise
162 Wörterliste Deutsch - Gälisch
178 Wörterliste Gälisch - Deutsch
192 Der Autor

The Highland Council
Comhairle Na Gaidhealtachd
Welcome to the Highlands
Fàilte don Ghàidhealtachd

Vorwort

Schottlandtouristen kennen das: Je weiter man in das Hochland vorstößt, umso mehr häufen sich anscheinend unaussprechbare Ortsnamen, plötzlich werden Ortsschilder zweisprachig und spätestens bei einem Pub-Besuch wird man möglicherweise eines dieser melancholisch schönen Lieder in einer sonderbar fremd klingenden Sprache hören. Mit diesem Kauderwelschband halten Sie den ersten, jemals auf Deutsch erschienenen Sprachführer für Schottisch-Gälisch in der Hand. Schottisch-Gälisch ist keine mythische Druidensprache, die aus den Nebeln der keltischen Anderwelt herüberweht, sondern eine täglich gesprochene, lebendige Sprache mit manchmal handfester und wunderbarer, oft überraschender, poetischer Ausdrucksweise.

Jetzt können Sie auf Endeckungsreise gehen. Erschließen Sie sich die gälische Kultur der äußeren Hebriden, sprechen Sie die Einheimischen in ihrer eigenen Sprache an. Oder lehnen Sie sich zu Hause im Sessel zurück, lauschen Sie gälischer Musik und versuchen einige der Worte zu entdecken und zu verstehen.

Viel Spaß dabei!
Suas leis a' Gàidhlig!

Hinweise zur Benutzung

Der Kauderwelsch-Band „Schottisch-Gälisch“ ist in die Abschnitte „Grammatik“, „Konversation“ und „Wörterliste“ gegliedert:

Die **Grammatik** beschränkt sich auf das Wesentliche und ist so einfach gehalten wie möglich. Deshalb sind auch nicht sämtliche Ausnahmen und Unregelmäßigkeiten der Sprache erklärt.

In der **Konversation** finden Sie Sätze aus dem Alltagsgespräch, die Ihnen einen ersten Eindruck davon vermitteln sollen, wie Schottisch-Gälisch „funktioniert“, und die Sie auf das vorbereiten sollen, was Sie später in Schottland hören werden.

Mit Hilfe der Wort-für-Wort-Übersetzung können Sie bald eigene Sätze bilden. Sie können die Beispielsätze als Fundus von Satzschablonen und -mustern benutzen, die Sie Ihren eigenen Bedürfnissen anpassen.

Jede Sprache hat ein typisches Satzbaumuster. Um die sich vom Deutschen unterscheidende Wortfolge der gälischen Sätze zu verstehen, ist die **Wort-für-Wort-Übersetzung** in kursiver Schrift gedacht. Wird *ein* gälisches Wort im Deutschen durch *zwei* Wörter übersetzt, werden diese in der Wort-für-Wort-Übersetzung mit einem Bindestrich verbunden. Können *zwei oder mehr* gälische Wörter nur durch *ein* deutsches Wort übersetzt werden, werden die Platzhalter „(-)“ eingesetzt.

Gälisch	**Tha mi à Barraigh/Peairt.**	**ann an cola deug**
Lautschrift	ha mi a Barrai/Pearscht	aun an kolla dschiak
Wort für Wort	*ist ich aus Barra/Perth*	*in (-) vier-Tage zehn*
Deutsch	Ich bin aus Barra/Perth.	in vierzehn Tagen

Da es im Gälischen keine gebeugten Formen gibt, sondern immer nur *eine* Form für die jeweilige Zeitstufe, gibt es in der Wort-für-Wort-Übersetzung keine gebeugten Verbformen außer für das Verb **bi/is** (sein), um Verwechslungen mit dem besitzanzeigenden Fürwort „sein" zu vermeiden. Gebeugte Wörter werden mit der Fallnummer gekennzeichnet, auch wenn die Beugung am betreffenden Wort (aufgrund der lautlichen Beschaffenheit) nicht erkennbar ist. Das erleichtert das Austauschen durch andere Wörter, die in diesem Fall gebeugt (also leniert und/oder „aufgehellt") werden können/müssen.

Wörter, die in der Lautschrift zusammengeschrieben werden, werden auch wie ein einziges Wort ausgesprochen! Bindestriche haben jedoch keine Bedeutung, sondern sind lediglich aus der gälischen Schreibweise übernommen.

'S mi.	**taigh-seinnse**	**leis a' chàr**
smi	tai-schäinnsche	läsch a chaar
ist ich	*Haus-Kneipe*	*mit dem^{3}° Auto^{3}*
Ja, ich bin.	Kneipe	mit dem Auto

Die **Wörterlisten** am Ende des Buches enthalten einen Grundwortschatz von je ca. 750 Wörtern „Deutsch – Gälisch" und „Gälisch – Deutsch".

Die **Umschlagklappe** hilft, die wichtigsten Sätze und Formulierungen stets parat zu haben. Aufgeklappt ist der Umschlag eine wesentliche Erleichterung, da nun die gewünschte Satzkonstruktion mit dem entsprechenden Vokabular aus den einzelnen Kapiteln kombiniert werden kann. Hier finden Sie auch das Kapitel „Nichts verstanden ? – Weiterlernen!" und eine Liste der Abkürzungen.

Seitenzahlen

Auf jeder Seite wird die Seitenzahl auch auf Schottisch-Gälisch (in der Zählweise ohne Hauptwort) angegeben!

Über die Sprache

Schottisch-Gälisch ist aus dem Irisch-Gälischen hervorgegangen. Im 5. Jahrhundert begann die Einwanderung der nordirischen Skoten in die heute Gegend *Argyll* (= *Earra-Ghaidheal*, Küste der Gälen) in Schottland. Das dort gegründete Reich *Dalriada* expandierte rasch und schloss sich bald mit den Piktischen Herrschaftsgebieten zusammen. Bis zum 12. Jahrhundert war Gälisch die gemeinsame Sprache Irlands und des Königreiches *Alba* in Schottland. Durch die räumliche Trennung der beiden Sprachgebiete entwickelte sich nach und nach das Schottisch-Gälische. Erste schriftliche Zeugnisse hierfür finden wir im *Book of Deer* und im *Book of the Dean of Lismore*, Sammlungen von handschriftlichen Texten aus dem 17. Jahrhundert. Als im Jahre 1746 nach der Schlacht von *Culloden* die englische Besatzungsmacht alles typisch Schottische unterdrückte, wurde auch das Gälische systematisch unterbunden, Englisch wurde die dominante Sprache der Oberschicht. Noch bis in die Siebzigerjahre des 20. Jahrhunderts wurden Schulkinder bestraft, wenn sie in der Schule Gälisch sprachen, und so wundert es nicht, dass die Zahl der Gälischsprecher bis 1971 auf knapp 100.000 gefallen war. Wurde Gälisch bis ins 19. Jahrhundert in den gesamten Highlands verstanden, so erstreckt sich

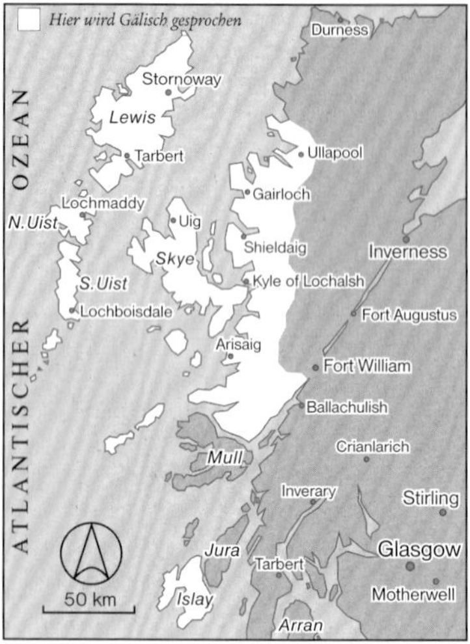

das Verbreitungsgebiet heute hauptsächlich auf die äußeren Hebrideninseln am Westrand Schottlands. Weiterhin wird Gälisch an der Nord- und Westküste Schottlands vereinzelt gesprochen sowie auf der Insel *Skye,* wo sich auch das gälische College *Sabhal Mòr Ostaig* befindet. Darüber hinaus gibt es eine mehrere tausend Sprecher große Gälischgemeinde im Westen von Glasgow, wo sich auch der *Gaelic Book Council* befindet. In Glasgow wurde vor einigen Jahren auch die erste rein gälischsprachige Grundschule eröffnet, gälische Unterrichtszweige gibt es mittlerweile in vielen Grundschulen im Lande. Laut Zensus aus dem Jahre 2001 ist die Zahl der Sprecher auf mittlerweile 60.000 gefallen, die Interessengruppen kämpfen seit Jahren um eine gesetzliche Anerkennung des Gälischen und die Finanzierung eines Gälischen Fernsehkanals. *Radio nan Gàidheal* ist der Radiokanal der BBC, der die gälischsprachige Gemeinschaft zusammenhält.

Die 60.000 Gälischsprecher machen ca. 1,5 % der Bevölkerung Schottlands aus. Schottland bildet heute zusammen mit England, Wales und Nordirland das Vereinigte Königreich. Seit 1997 besitzen die Schotten wieder ein eigenes Parlament und eine eigene Landesregierung, die für innenpolitische Belange zuständig ist.

2003 wurde *Bòrd na Gàidhlig* ins Leben gerufen, eine Behörde, die die Bemühungen zum Erhalt der Sprache stärken soll. Weiterhin warten die Gälen aber auf den geforderten politisch „sicheren Status" ihrer Sprache. Hierbei gilt es allerdings, politischen Widerstand im Lande zu überwinden. Schon das Aufstellen von zweisprachigen Ortsschildern kann zu erbitterten Auseinandersetzungen darüber führen, ob der Aufwand zur Erhaltung des Gälischen nicht ein zu teurer Anachronismus ist.

Schottisch-Gälisch ist eine nach wie vor lebendige Sprache, die ständig neue Wörter bildet. So zum Beispiel eadar-lìon *(„Internetz") für „Internet" und* post-dealain *(„Strom-" oder „Blitzpost") für „E-Mail". Diese werden aber oft nicht von Muttersprachlern verstanden. Englische Begriffe und die wortwörtliche Übersetzung ganzer englischer idiomatischer Ausdrücke ins Gälische greifen massiv in die Struktur der Sprache ein und verdrängen oft die ursprünglichen Begriffe. Dies missfällt vielen Muttersprachlern, ohne dass sich viel dagegen machen lässt.*

Aussprache, Lautschrift & Betonung

Das gälische Alphabet besteht nur aus den folgenden 18 Buchstaben: **a, b, c, d, e, f, g, h, i, l, m, n, o, p, r, s, t, u.**

Schottisch-Gälisch benutzt lediglich 18 Buchstaben des lateinischen Alphabets, ist jedoch in der Lage, damit über 90 Laute darzustellen. Um die exakte Zahl streiten sich die Gelehrten, auf jeden Fall ist keine europäische Sprache in der Lage, kreativer mit Buchstaben umzugehen. Ein schottischer Gelehrter hat es einmal so ausgedrückt: Die Buchstaben des Gälischen führten einen permanenten Krieg gegeneinander, aber sie kämpften nach festen Regeln. Also nicht verzagen, die wichtigsten Ausspracheregeln werden hier kurz erklärt, und um alle zu lernen, braucht es ein paar Jahre und geduldige Gälen, die bereit sind, Ihre Versuche geduldig zu ertragen und zu korrigieren.

Selbstlaute

Die Selbstlaute (Vokale) können lang oder kurz ausgesprochen werden. Lang bedeutet wirklich sehr lang (mindestens doppelt so lang wie im Deutschen), und je nachdem, ob ein Wort lang oder kurz gesprochen wird, hat es eine andere Bedeutung.

*Lange Selbstlaute werden im Schottisch-Gälischen durch einen Akzent markiert (**à, è, ì, ò, ù**). In der Lautschrift werden sie doppelt geschrieben:* aa, ee, ii, oo, uu.

a	a	kurz wie in „**A**pfel"	**ad** att Hut
à	aa	lang wie in „**A**benteuer"	**bàta** baata (Boot)
e	e	kurz/offen wie in „B**e**tt"	**esan** essan (er)
è	ee	lang wie in „B**ee**t"	**dè** dschee (was?)
i	i	kurz wie „K**i**nd"	**iteag** itschak (Feder)
ì	ii	lang wie „ie" in „n**ie**"	**mìle** miile (tausend)
o	o	kurzes/offen wie in „L**o**ch"	**doras** dorass (Tür)
ò	oo	lang wie ein „B**oo**t"	**mòr** moor groß
u	u	kurz wie in „B**u**s"	**dubh** du (schwarz)
ù	uu	lang wie in „T**u**be"	**ùr** uur (neu, frisch)

Zwie- & Dreilaute (Diphtonge & Triphtong)

ae	ä	„ä" wie in „f**ä**llen"	**bean** bän (Frau)
ao	üo	zwischen „ü" u. „o"	**saor** ssüor (billig/frei)
aoi	ao	zwischen „ü" u. „o"	**smaoinich** smüonich (denke)

Den Laut **ao** *bildet man, indem man versucht, ein „ö" zu sprechen und dabei beginnt zu lächeln. Das sieht dämlich aus, funktioniert aber.*

Mitlaute

Die Mitlaute (Konsonanten) werden in ihrer Aussprache beeinflusst, und zwar davon, ob sie von hellen (**e, i**) oder dunklen Selbstlauten (**a, o, u**) umgeben sind. Das **h** kennzeichnet fast immer Lenierung und kommt außer in einigen Lehnwörtern nicht alleine vor!

	in heller Umgebung (e, i)	in dunkler Umgebung (a, o, u)
b	„b" wie „I**b**is" **beinn** bäin (Berg)	„p" wie „Pa**p**ier" **Alba** Allepa (Schottland)
d	„dsch" wie in „**Dsch**ungel" **dearg** dschärrak (rot)	„t" wie in „**T**on" **trì** trii (drei)
f	„f" wie in „**F**eder" **fear** fär (Mann)	„f" wie in „**F**utter" **fuar** fuar (kalt)
g	„g" wie in „I**g**el" **gille** gilje (Junge)	„k" wie in „A**k**ademie" **agam** akam (bei mir)
l	„l" wie in „Bie**l**efeld" **Ìle** iile (Islay)	„l" wie in „**L**ust" **luath** lua (schnell)
ll	etwa wie „li" Famil**i**e" **coille** koilje (Wald)	wie „ll" in „U**ll**a" **seall** schaull (schau!)
m	„m" wie in „i**m**pfen" **mìle** miile (tausend)	„m" wie in „**M**utter" **muile** mule (Mull)
n	bleibt „n" wie in „**n**ein" **nàdar** naater (Natur)	bleibt „n" wie in „**n**ein" **nàdar** naater (Natur)
nn	langes „ien" in „D**ien**stag" **sinn** schiin (wir)	wie „aun" in „S**aun**a" **annta** aunta (in ihnen)
p	„p" wie in „**P**eter" **pian** pian (Schmerzen)	„p" wie in „Pa**p**ier" **pathadh** pa'agh (Durst)

Aussprache, Lautschrift & Betonung

	in heller Umgebung (e, i)	in dunkler Umgebung (a, o, u)
r	fast wie engl. „th“ in „**th**is“ **a' fuireach** a futhach (wohnen)	wird wie im Bayrischen gerollt **aran** aran (Brot)
rr	wird sehr stark bayrisch gerollt **nàdurrach** naaterrach (natürlich)	
s	wie „sch“ in „**Sch**ule“ **seòladh** schoolagh (Adresse)	wie „ss“ in „Ku**ss**“ **Sasainn** ssassain (England)
t	wie „tsch“ in „kla**tsch**en“ **teine** tschänne (Feuer)	wie „t“ in „**T**al“ **tuath** tua (Norden)

Vorbehauchung (Präaspiration)

Die Selbstlaute **p**, **t** und **c** ändern in der Wortmitte ihre Aussprache. Vor dem Aussprechen des Mitlautes wird ein Hauchlaut gesprochen, der im Deutschen ungefähr dem Laut „ch“ entspricht. Auch hier hängt die Aussprache von einer „hellen“ oder „dunklen“ Umgebung ab. Ansonsten bleibt die Aussprache von **p, t** und **c** davon unabhängig zusätzlich erhalten.

	in heller Umgebung (e, i)	in dunkler Umgebung (a, o, u)
p	wie „ch + p“ in „i**ch p**asse“ **snèip** sneechp (Rübe)	wie „ch + p“ in „Wa**chp**osten“ **cupa** kuchpa (Tasse)
t	wie „chtsch in „Li**chtsch**immer“ **litir** lichtschith (Brief)	wie „cht“ in A**cht**ung **cat** kacht (Katze)
c	wie „chk“in „Mön**chk**utte“ **tric** trichk (oft)	wie „chk“ in „a**ch K**arl“ **aca** achka (bei ihnen)

Mitlautkombinationen

chd	chk	wie „chk“ in „a**ch K**arl“	**seachdain** scheachkin (Woche)
rt	rscht	wie „rscht“ in „Wu**rsch**t“	**ort** orscht (auf dir)
cn	kr	wie „kr“ in „**Kr**ach“	**cnoc** krochk (Hügel)
gn	gr	wie „ gr“ in „**gr**au“	**gnogadh** grokagh (klopfen)
t-sn	tr	wie „tr“ in „**tr**eten“	**anns an t-sneachd** auns an treachk (im Schnee)

Anlautveränderung/Lenierung

Schottisch-Gälisch ist in der Lage, auch den Wortanfang zu verändern, indem Anfangsbuchstaben (nur bei Mitlauten) ein **h** nachgestellt wird. Sobald diese Kombination irgendwo auftaucht, spricht man von Lenierung: Die Aussprache verändert sich, wird weicher. Folgende Mitlaute können leniert werden: **b, c, d, f, g, m, p, s, t**. Das sieht dann so aus: **bh, ch, dh, fh, gh, mh, ph, sh, th**. Diese lenierten Mitlaute kommen nicht nur an Wortanfängen, sondern auch in der Wortmitte und am Wortende vor. Je nach ihrer Position im Wort werden sie anders ausgesprochen. Außerdem hängt die Aussprache mancher lenierter Mitlaute auch hier wieder davon ab, ob die lenierten Mitlaute von hellen oder dunklen Selbstlauten umgeben sind. Am Wortanfang werden die lenierten Mitlaute wie folgt ausgesprochen:

Ein **h** *kann nie alleine vorkommen, es zeigt immer die Lenierung an! Im Deutschen haben wir einen der Lenierung vergleichbaren Vorgang, denken nur nicht darüber nach. So wird* **c+h** *anders ausgesprochen als* **c** *und außerdem unterschiedlich nach dunklem („Na<u>ch</u>t") oder hellem Selbstlaut („ni<u>ch</u>t"), das gleiche gilt für* **p+h** *in den Zeiten der „<u>Ph</u>otogra<u>ph</u>ie".*

	in heller oder dunkler Umgebung	
bh	„w" wie in „**W**elle"	**a' bhean** a wän (die Frau)
fh	bis auf wenige Ausnahmen gar nicht gesprochen	**an fheusag** an iassak (der Bart)
mh	„w" wie in „**W**elle"	**mo mhac** mo wachk (mein Sohn)
ph	„f" wie in „**F**oto"	**do pheann** do fjaun (dein Stift)
sh	„h" wie in „**H**emd"	**sheinn mi** häinn mi (ich sang)
th	„h" wie in „**H**emd" Einzige Ausnahme: **thu** wird immer wie „u" ausgesprochen!	**tha** ha (ist) **thu** u (du)
	in heller Umgebung (e, i)	**in dunkler Umgebung (a, o, u)**
ch	„ch" wie in „Ni**ch**te" **mo cheile** mo cheele (mein Partner)	„ch" wie in „Na**ch**t" **mo chàr** mo chaar (mein Auto)
dh	„j" wie in „**j**ippie!" **dhi** jii (von ihr)	„g" wie in „Wa**g**en" **a dhà** a ghaa (zwei)
gh	„j" wie in „**j**eder" **mo ghille** mo jilje (mein Junge)	„g" wie in „**G**abe" **ghabh mi** ghaaw mi (ich nahm)

In der Grammatik wird auf die Lenierung jeweils hingewiesen. Wörter, die Lenierung auslösen, werden mit einem ° gekennzeichnet. Sollten Sie bei der Anlautveränderung unsicher sein, lassen Sie sie weg. Sie werden im Zweifel auch so verstanden.

Die Laute der Kombinationen **dh** und **gh** in dunkler (Selbstlaut-)Umgebung (**a, o, u**) sind für Deutsche schwierig auszusprechen, da sie in unserer Sprache nicht vorkommen. Hier eine kleine Hilfe, wie man den Laut bilden kann: Sagen Sie laut „Gaaaaaa". Sprechen Sie zwischen dem „g" und dem „a" ein „h". Hierdurch wird das „g" weicher. Lassen Sie nun das „a" weg. In der Lautschrift wird die Kombination **dh** bzw. **gh** in dunkler Umgebung als gh wiedergegeben.

Wann muss ich lenieren?

Durchgängig gültige Regeln nach dem Motto „immer wenn ..., dann ..." gibt es dafür leider nicht. Allerdings kann man sich folgende Hinweise merken:

Weibliche Hauptwörter lenieren das folgende zugehörige Eigenschaftswort im Nominativ (1. Fall) und Dativ (3. Fall).
Männliche Hauptwörter lenieren das folgende zugehörige Eigenschaftswort im Genitiv (2. Fall) und Dativ (3. Fall).
Der bestimmte Artikel leniert das männliche Hauptwort im 2. und 3. Fall, das weibliche Hauptwort 1. und 3. Fall.
Vorangestellte Eigenschaftswörter lenieren das nachfolgende dazugehörige Hauptwort.
Die Zahlen **aon-** (1) und **dà-** (2) lenieren das folgende Wort (s. a. „Zahlen").

Einige Vorsilben lenieren das folgende Haupt- oder Eigenschaftswort:

fìor°	fiir	wirklich
fìor° mhath	fiir wa	wirklich gut
glè°	glee	sehr
glè° shnog	glee nok	sehr schön
ath°	a	nächste/r/s
an ath°-thuras	an a-hurass	nächstes Mal

Das Verb in der einfachen Vergangenheit leniert seinen ersten Buchstaben (hier: **chaidil***).*

Chaidil mi ann an Glaschu.
chadschil mi aun an Glassechu
schlief ich in (-) Glasgow
Ich schlief in Glasgow.

Vokalharmonie – hell zu hell & dunkel zu dunkel

Im Schottisch-Gälischen gibt es, wie bereits beschrieben, helle und dunkle Mitlaute, das heißt, dass ihnen entweder helle bzw. dunkle Selbstlaute voranstehen bzw. folgen. Da ein Mitlaut nicht hell und dunkel zugleich sein kann, wird er entweder nur von hellen oder nur von dunklen Selbstlauten umgeben. Im Gälischen heißt diese Rechtschreibregel **caol ri caol is leathann ri leathann** (schmal zu schmal und breit zu breit), also „hell zu hell und dunkel zu dunkel". Bis auf wenige Ausnahmen gilt diese Vokalharmonie grundsätzlich. Zwei Beispiele:

cupa	das **u** und das **a** sind beide dunkel
sùilean	das **l** ist von hellen Selbstlauten umgeben

Das sieht dann bei Lehnwörtern ganz lustig aus und hilft außerdem, das Lautsystem zu verstehen.

seòclaid	schochklitsch	Schokolade
manaidsear	manädscher	Manager

Verstanden? – Bhundairbeàr! (Wunderbar!)

helle & dunkle Silben

Sehr oft werden hier Sie die Begriffe „helle/dunkle Silbe" bzw. „helle/dunkle Endung" lesen. Wenn der letzte Selbstlaut der letzten Silbe hell ist, spricht man von einer hell endenden Silbe:

ceithir	kehith	vier

Wenn der letzte Selbstlaut der letzten Silbe dunkel ist, spricht man von einer dunkel endenden Silbe:

beul	bial	Mund

Kauderwelsch-AusspracheTrainer

*Falls Sie sich die wichtigsten schottisch-gälischen Sätze, die in diesem Buch vorkommen, einmal von einem Einheimischen gesprochen anhören möchten, kann Ihnen Ihre Buchhandlung den **AusspracheTrainer** zu diesem Buch besorgen. Sie bekommen ihn auch über unseren Internetshop **www.reise-know-how.de** Alle Sätze, die Sie auf dem **Kauderwelsch-AusspracheTrainer** hören können, sind in diesem Buch mit einem gekennzeichnet.*

Das Apostroph

Das Apostroph zeigt an, dass ein Buchstabe ausgelassen wurde oder entfällt. Das sieht man z. B. beim weiblichen Artikel **a'** (die), der eine Kürzung von **an** darstellt. Häufig wird auch das Bindewort **agus** ages (und) in einer Aufzählung zu **'s** gekürzt. Auch die Vorsilbe **ag** wird bei Tätigkeitshauptwörtern zu **a'** gekürzt, wenn diese mit einem Mitlaut beginnen.

Rechtschreibreform

Seit Anfang der 80er-Jahre gilt im Schottisch-Gälischen eine neue Rechtschreibung, die mit ähnlichen Problemen kämpft wie die deutsche. D. h. bis auf Schulen und Hochschulen halten sich nicht alle daran, manche nur manchmal und einige immer oder grundsätzlich überhaupt nicht. Dieser Kauderwelschband richtet sich im Großen und Ganzen nach der neuen Rechtschreibung.

Betonung

Schottisch-gälische Wörter werden immer auf der ersten Silbe betont. Auf die wenigen Ausnahmen in diesem Band wird besonders hingewiesen. Und jetzt kann's losgehen!

Ceud mìle fàilte don Ghàidhlig!
kiat miile faaltsche don Ghaalik
hundert tausend Gruß zu-dem° Gälisch[3]
Herzlich Willkommen beim Gälischen!

Wörter, die weiterhelfen

Mit den folgenden Floskeln kommen Sie auf die Schnelle erst mal zurecht, ohne sich mit der Grammatik zu beschäftigen. Die grau dargestellten Wörter können Sie durch andere passende austauschen.

● Wo ist/sind ...?

Càite a bheil an taigh-beag?
kaatsch a wäil na tai-bäk
wo (-) ist das Haus-klein
Wo ist die Toilette?

● Ich suche ...

Tha mi a' lorg seòmar.
ha mi a lorrek schoomer
ist ich bei Suchen Zimmer
Ich suche ein Zimmer.

● Ich brauche ...

Feumaidh mi ticead.
feemi mi tichket
benötigen ich Fahrschein
Ich brauche ein Ticket.

● Gibt es ...?

A bheil taigh-òsda ann?
a wäil tai-oosta aun
FP ist Haus-Gast in
Gibt es ein Hotel?

● Nein.

Chan eil.
chan jäil
nicht° ist
Nein.

● Ja.

Tha.
ha
ist
Ja.

● Haben Sie ...?

A bheil bainne agaibh?
a wäil bannje akiw
FP ist Milch bei-euch
Haben Sie Milch?

● Wie viel kostet ...?

Dè tha pinnt a' cosg?
dschee ha piintsch a kosk
was ist Pint bei Kosten
Was kostet ein Pint Bier?

● Das kostet ...

Tha sin a' cosg ... not/Eòro.
ha schinn a kosk ... nocht/Eooro
ist jenes bei Kosten ... Pfund/Euro
Das kostet ... Pfund/Euro.

● Bitte! (Bitte um)

Mas e do thoil e!
mas ä do holl ä
wenn-ist es dein° Wille es
Bitte! (Du-Form)

Mas e ur toil e!
mas ä ur toll ä
wenn-ist es euer Wille es
Bitte! (Sie-Form)

● Danke!

Tapadh leat/leibh.
tachpa lät/läiw
dank mit-du/mit-ihr
Danke dir/Ihnen.

● Bitte! (Angebot)

'S e do bheatha!
schä do wäha
ist Er(Gott) dein° Leben
Bitte! (Du-Form)

'S e ur beatha!
schä ur bäha
ist Er(Gott) euer Leben
Bitte! (Sie-Form)

● Entschuldigung!

Gabh/gabhaibh mo leisgeul!
gaw/gawiw mo läschkel
nimm/nehmt meine° Entschuldigung
Entschuldige/-n Sie!

Hauptwörter

In den Wörterlisten werden männliche Hauptwörter durch „(m)" und weibliche durch „(w)" gekennzeichnet.

Hauptwörter (Substantive) können männlich oder weiblich sein. Sächliche Hauptwörter gibt es nicht. Männliche Hauptwörter enden in der letzten Silbe auf dunklen Silben (**a, o, u**), weibliche Hauptwörter enden auf hellen Silben (**e, i**). Dies trifft auf ca 80 % der gälischen Hauptwörter zu. Es gibt folgende Ausnahmen:

Das biologische Geschlecht bestimmt oft das grammatische, so ist z. B. **athair** (Vater) und **bràthair** (Bruder) männlich und **bean** (Frau) weiblich.

Die Verkleinerungsformen **-ag**/**-achd** sind immer weiblich, obwohl sie dunkel enden. Dann bleibt der Rest der Unregelmäßigen, den man lernen muss.

Mehrzahl

Die Mehrzahl aller Hauptwörter bildet man wie folgt: Ist der letzte Selbstlaut in der letzten Silbe ein dunkler Selbstlaut, wird die Endung **-an** angehängt.

eilean	ällan	Insel
eileanan	ällanen	Inseln

Ist der letzte Selbstlaut in der letzten Silbe ein heller Selbstlaut, wird die Endung **-ean** angehängt. An der Aussprache ändert sich dadurch jedoch nichts.

taigh	tai	Haus
taighean	tähen	Häuser

Diese Regel trifft auf ca 80 % aller Hauptwörter zu.

Viele Hauptwörter, die auf **-an** oder **-ach** enden, hellen die letzte Silbe auf, um die Mehrzahl zu bilden. Es wird also ein **-i-** hinter den letzten (dunklen) Selbstlaut der letzten Silbe eingefügt.

bodach	**bodaich**	**òran**	**òrain**
botach	botich	ooran	ooren
Greis	Greise	Lied	Lieder

Hauptwörter (ebenso Eigenschaftswörter) können im Schottisch-Gälischen gebeugt werden (mehr dazu im Abschnitt „Beugung der Hauptwörter").

Viele einsilbige Hauptwörter tauschen ihre Selbstlaute vollständig aus, um die Mehrzahl zu bilden.

bòrd	**bùird**	**ceann**	**cinn**
boorschd	buurschd	keaun	kiin
Tisch	Tische	Kopf	Köpfe

Der, die, das – Dieses & Jenes

der, die, das

Im Schottisch-Gälischen gibt es nur den bestimmten Artikel **an**. Er entspricht dem deutschen „der", „die" oder „das". Einen unbestimmten Artikel („ein, eine") gibt es nicht.

taigh	tai	Haus, ein Haus (unbestimmt)
an taigh	an tai	das Haus (bestimmt)

Je nach grammatischem Geschlecht und Fall des Wortes und dessen Anfangsbuchstaben verändert sich jedoch auch die Form des Artikels. Weibliche Hauptwörter werden durch den Artikel leniert.

dieses & jenes

Die hinweisenden Fürwörter (Demonstrativpronomen) **seo** scho (diese/r/s) und **sin** schinn (jene/r/s) werden dem Hauptwort nachgestellt. Sie lauten für männliche und weibliche Hauptwörter gleich. Das Hauptwort steht mit dem Artikel. Etwas, das weiter weg ist, wird mit **ud** ut (jene/r/s dort) bezeichnet.

am fear seo	**a' bhean sin**	**am balach ud**
am fär scho	a wän schinn	am ballach ut
der Mann dieser	*die Frau jene*	*der Junge jener-dort*
dieser Mann	diese Frau	jener Junge dort

Eigenschaftswörter

Die Eigenschaftswörter (Adjektive) sind dem Hauptwort, auf das sie sich beziehen, meistens nachgestellt. Bei weiblichen Hauptwörtern werden die zugehörigen Eigenschaftswörter – wenn möglich – leniert.

Das Eigenschaftswort macht alle Beugungen des Hauptwortes durch alle Fälle mit (siehe Kap. „Von Fall zu Fall – Die Beugung“).

am balach beag
am ballach bäk
der Junge klein
der kleine Junge

an nighean bheag
an ni'en wäk
das Mädchen° klein
das kleine Mädchen

Es gibt einige Eigenschaftswörter, die dem Hauptwort vorangestellt werden und dieses dann auch noch lenieren. In diesem Fall lassen sie sich nicht steigern und sie bilden auch keine Mehrzahlform. Hier diejenigen, die man sich merken sollte:

seann°	schaun	alt
droch°	droch	schlecht
deagh°	dschoo	schön
fìor°	fiir	wirklich

Le deagh dhùrachd!
lä dschoo ghuurachk
mit schön° Gruß
Mit freundlichem Gruß! (in Brief- oder Postkarte)

Tha an seann taigh brèagha.
ha an schaun tai bri'a
ist das alt° Haus schön
Das alte Haus ist schön.

'S e droch naidheachd a th' ann.
schä droch nai'achk a haun
ist es schlecht° Nachricht welche ist in
Das ist eine schlechte Nachricht.

Tha sin fìor mhath!
ha schin fiir wa
ist jenes wirklich° gut
Das ist wirklich gut!

Persönliche Fürwörter

Im Schottisch-Gälischen gibt es neben den einfachen persönlichen Fürwörtern auch betonte (verstärkende) Formen. Das unpersönliche „es" wird jeweils durch **e** für männliche Hauptwörter und **i** für weibliche Hauptwörter ausgedrückt. „*Es* ist schön." (gemeint ist das Wetter) wird im Gälischen z. B. zu „*Sie* ist schön.", da das Wetter weiblich ist.

	einfach		betont	
ich	**mi**	mi	**mise**	mische
du	**thu**	u	**thusa**	ussa
er	**e**	ä	**esan**	ässan
sie	**i**	i	**ise**	ische
wir	**sinn**	schiin	**sinne**	schiinje
ihr	**sibh**	schiiw	**sibhse**	schiiwsche
sie (Mz)	**iad**	iat	**iadsan**	iadsen

Die betonten Formen werden z. B. benutzt, um Gegensätze zu betonen.

Tha mise trang ach tha thusa leisg.
ha mische trang ach ha ussa läschk
ist ich fleißig aber ist du faul
Ich bin fleißig, aber du bist faul.

Thu u und **thusa** ussa werden zu **tu** tu und **tusa** tussa, wenn das vorangegangene Verb auf **-s** endet. Die betonten Formen der persönlichen Fürwörter werden zudem oft mit dem Verb **is** verwendet.

Im Schottisch-Gälischen wird zwischen „du" und „Sie" unterschieden, nur mit dem Unterschied, dass in Schottland nicht „gesiezt" sondern „geeucht" wird.

Is tusa Anndra.
is tussa Aundra
ist du Andreas
Du bist Andreas.

Ciamar a tha sibh?
kimmer a ha schiiw
wie das ist ihr
Wie geht es Ihnen (euch)?

Das Verb „bi“ (sein)

Im Gälischen gibt es zwei Verben, die dem deutschen Verb „sein“ entsprechen: **bi** bi und **is** is. **Bi** benutzt man bei Beschreibungen und Empfindungen, **is**, wenn man eine Feststellung treffen will (s. Kap. „Das Verb „is“ (sein)“). **Bi** wird als Hilfsverb benutzt, um zusammen mit dem Tätigkeitshauptwort die Verlaufsform zu bilden.

Aussageformen von „bi“ (sein)

Wie jedes andere Verb auch hat **bi** bi für jede Zeit eine eigene Form, die aber nicht gebeugt wird. Das macht die Sache relativ einfach. Die Satzstellung ist „Verb – Subjekt – Objekt“ (Tätigkeitswort – persönliches Fürwort – Satzergänzung). Das persönliche Fürwort ist der Zeitform des Verbs immer nachgestellt.

Gegenwart

Die Gegenwartsform von **bi** bi *lautet* **tha** ha.

tha mi	ha mi	*ist ich*	ich bin
tha thu	ha u	*ist du*	du bist
tha e	ha ä	*ist er*	er ist
tha i	ha ii	*ist sie*	sie ist
tha sinn	ha schiin	*ist wir*	wir sind
tha sibh	ha schiiw	*ist ihr*	ihr seid
tha iad	ha iad	*ist sie*	sie sind

Vergangenheit

Die Vergangenheitsform von **bi** bi *lautet* **bha** wa.

bha mi	wa mi	*war ich*	ich war
bha thu	wa u	*war du*	du warst
bha e	wa ä	*war er*	er war
bha i	wa ii	*war sie*	sie war
bha sinn	wa schiin	*war wir*	wir waren
bha sibh	wa schiiw	*war ihr*	ihr wart
bha iad	wa iad	*war sie*	sie waren

Zukunft

Die Zukunftsform von **bi** bi *lautet* **bidh** bii.

bidh mi	bii mi	*sein-werden ich*	ich werde sein
bidh thu	bii u	*sein-werden du*	du wirst sein
bidh e	bii ä	*sein-werden er*	er wird sein
bidh i	bii ii	*sein-werden sie*	sie wird sein
bidh sinn	bii schiin	*sein-werden wir*	wir werden sein
bidh sibh	bii schiiw	*sein-werden ihr*	ihr werdet sein
bidh iad	bii iad	*sein-werden sie*	sie werden sein

Mit der Zukunftsform können Handlungen beschrieben werden, die sowohl in der Gegenwart als auch in der Zukunft immer wieder ablaufen, und natürlich auch einmalig stattfindende Handlungen in der Zukunft.

Tha mi sgìth.
ha mi skii
ist ich müde
Ich bin müde.
(gerade jetzt)

Bidh mi sgìth.
bii mi skii
sein-werden ich müde
Ich werde müde sein. /
Ich bin (ständig) müde.

Tha Sèoras aig an taigh.
ha Schooras äk an tai
ist Georg bei dem[3]° Haus[3]
Georg ist zu Hause.

Bha Màiri ann an Glaschu.
wa Maathi aun an Glassechu
war Maria in (-) Glasgow
Maria war in Glasgow.

Bidh mi anns an Eilean Sgitheanach gach bliadhna.
bii mi auns an Ällan Ski'anach gach bliana
sein-werden ich in der[3]° Insel[3] Skye[3] jedes Jahr
Ich bin jedes Jahr auf Skye.
(Handlung wiederholt sich in der Zukunft)

Abhängige Formen von „bi“ (sein)

Um mit dem Verb **bi** Fragen zu stellen und diese zu bejahen und zu verneinen, benötigt man die so genannte „abhängige Form“ des Verbs. Diese heißt so,

Das Verb „bi“ (sein)

Die Abkürzung „FP“ in der Wort-für-Wort-Übersetzung bedeutet „Fragepartikel“. **A, an** *und* **am** *haben keine eigene Wortbedeutung, sondern nur die Funktion, eine Frage einzuleiten.*

weil sie von irgendetwas abhängig ist, z. B. einem Fragewort, einer Verneinung oder einem Verhältniswort. Darüber hinaus sind abhängige Form und Aussageform nötig, um im Gälischen Ja und Nein sagen zu können, da es diese Wörter so nicht gibt.

Die abhängigen Formen von **bi** lauten:

	Aussageform	abhängige Form
Gegenwart	**tha** ha	**bheil**/**eil** wäil/äil
Vergangenheit	**bha** wa	**robh** ro
Zukunft	**bidh** bii	**bi**/**bhi** bi/wi

Die folgende Übersicht zeigt Beispiele für die Verwendung der abhängigen Formen:

Gegenwart		Vergangenheit		Zukunft	
gu bheil gu wäil	*dass ist*	**gun robh** gun ro	*dass war*	**gum bi** gum bi	*dass sein-werden*
nach eil nach äil	*dass-nicht ist*	**nach robh** nach ro	*dass-nicht war*	**nach bi** nach bi	*dass-nicht sein-werden*
a bheil a wäil	*FP ist*	**an robh** an ro	*FP war*	**am bi** am bi	*FP sein-werden*
chan eil chan jäil	*nicht° ist*	**cha robh** cha ro	*nicht° war*	**cha bhi** cha wi	*nicht° sein-werden*

ja & nein mit „bi“ (sein)

Das Schottisch-Gälische hat generell kein Wort für Ja und Nein. Will man eine mit **bi** (sein) gestellte Frage bejahen, so antwortet man mit der Aussageform des Verbs. Will man sie hingegen verneinen, benutzt man die Verneinungspartikel **cha** cha (nicht) und die abhängige Form des Verbs (s. o.). Dabei wird die abhängige Form leniert, wenn möglich (Ausnahme: keine Lenition bei **d** und **t**.) (siehe Übersichtstabelle der Lenition).

A bheil thu sgìth?	**Tha.**	**Chan eil.**
a wäil u skii	ha	chan jäil
FP ist du müde	*ist*	*nicht° ist*
Bist du müde?	Ja.	Nein.

An robh e math?	**Bha.**	**Cha robh.**
an ro ä ma	wa	cha ro
FP war er/es gut	*war*	*nicht° war*
War er/es gut?	Ja.	Nein.

Am bi thu ann?	**Bidh.**	**Cha bhi.**
am bi u aun	bii	cha wi
FP sein-werden du in	*sein-werden*	*nicht° sein-werden*
Wirst du da sein?	Ja.	Nein.

Die Verlaufsform

Mit der Verlaufsform drückt man Handlungen aus, die gerade stattfinden und länger andauern, und zwar in der Gegenwart, Vergangenheit oder Zukunft. Sie entsprechen den englischen Formen mit „-ing" („I am doing" etc.). – Übrigens: Die Gegenwart kann im Schottisch-Gälischen nur durch die Verlaufsform ausgedrückt werden. Es gibt keine Form für die einfache Gegenwart (z. B. „ich arbeite").

Um im Gälischen die Verlaufsform zu bilden, braucht man das so genannte Tätigkeitshauptwort (Verbalnomen), das zusammen mit den Zeitformen des Hilfsverbs **bi** (sein) und dem Verhältniswort **aig** (bei) den Verlauf einer Tätigkeit ausdrückt. Das Verhältniswort **aig** (bei) wird je nach lautlicher Umgebung zu **ag** oder **a'** verkürzt: Beginnt das Tätigkeitshauptwort mit einem Selbstlaut, lautet die Form **a'**, beginnt es mit einem Mitlaut, lautet die Form **ag.**

Die Verlaufsform ist im Hochdeutschen nicht gebräuchlich. Man findet sie manchmal in der Umgangssprache oder in Dialekten, z. B. im Rheinland („ich bin am Arbeiten"). Daher wird sie scherzhaft die rheinische Verlaufsform genannt.

Die Verlaufsform

Das Tätigkeitshauptwort steht in der Wörterliste jeweils in eckigen Klammern hinter dem Wortstamm des Verbs, von dem es abgeleitet wird. In der Wort-für-Wort-Übersetzung wird es großgeschrieben.

Und so setzt sich die Verlaufsform zusammen: Aussageform von **bi** (in der gewünschten Zeitstufe) + Person + **ag/a'** + Tätigkeitshauptwort. Natürlich kann noch eine Satzergänzung (Objekt) hinzugefügt werden.

Tha Calum a' draibheadh.	**Tha Calum a' draibheadh càr.**
ha Kalum a draiwagh	ha Kalum a draiwagh kaar
ist Calum bei Fahren	*ist Calum bei Fahren Auto*
Calum fährt.	Calum fährt ein Auto.

Die Formulierung als Frage sowie die Antworten mit Ja und Nein funktionieren genauso wie in den Beispielen mit **bi** (siehe oben).

Tha e ag ionnsachadh Gàidhlig.	**A bheil e ag ionnsachadh Gàidhlig?**	**Tha.**	**Chan eil.**
ha ä ag iunssachagh Gaalik	a wäil ä ag iunsachagh Gaalik	ha	chan jäil
ist er bei Lernen Gälisch	*FP ist er bei Lernen Gälisch*	*ist*	*nicht° ist*
Er lernt Gälisch.	Lernt er Gälisch?	Ja.	Nein.
Bha mi a' dèanamh cofaidh.	**An robh thu a' dèanamh cofaidh?**	**Bha.**	**Cha robh.**
wa mii a dscheeanaw koffi	an ro u a dscheeanaw koffi	wa	cha ro
war ich bei Machen Kaffee	*FP warst du bei Machen Kaffee*	*war*	*nicht° war*
Ich machte Kaffee.	Hast du Kaffee gemacht?	Ja.	Nein.
Bidh mi a' snàmh.	**Am bi thu a' snàmh?**	**Bidh.**	**Cha bhi.**
bii mi a snaaw	am bi u a snaaw	bii	cha wi
sein-werden ich bei Schwimmen	*FP sein-werden du bei Schwimmen*	*sein-w.*	*nicht° sein-w.*
Ich werde schwimmen.	Wirst du schwimmen?	Ja.	Nein.

Im Kapitel „Regelmäßige Verben" werden die einfache Vergangenheit und Zukunft erklärt. Die Gegenwart kann – wie bereits erwähnt, im Schottisch-Gälischen nur durch die Verlaufsform ausgedrückt werden!

Das Verb „is“ (sein)

Is (sein) ist ein häufig benutztes Verb und hat leider die Tendenz, sich immer in anderen Wörtern zu „verstecken“, so dass man es nicht mehr findet. Gerade für Lernende ist es sehr ärgerlich, wenn eine Satzstruktur mühsam begriffen wurde und plötzlich das Verb „verschwunden“ ist.

Das Verb **is** ist nur in zwei Formen gebräuchlich: **is** (ist) für die Gegenwart und **bu** bu (war, wäre) für die Vergangenheit bzw. für den Konjunktiv (Möglichkeitsform). **Bu** leniert das folgende Wort, außer wenn dieses mit **d** oder **t** beginnt (dies wird später bei den Modalverben wichtig).

Achtung: **an** *kann einmal der männliche Artikel und die Fragepartikel sein oder auch die abhängige Form von* **is**. *Hierbei verschmilzt sie mit der Fragepartikel und dem Verneinungswort, so dass man es nicht mehr erkennt! Beachten Sie außerdem:* **bu** *wird durch* **cha** *nicht leniert!*

is	is	ist	**bu**	bu	war/wäre
ist			*bu°*		
an	an	ist?	**am bu**	am bu	war/wäre?
FP-ist			*FP war°*		
cha	cha	ist nicht	**cha bu**	cha bu	war/wäre nicht
nicht°-ist			*nicht° war°*		

Is benutzt man, um zwei Hauptwörter (Personen, Gegenstände) in Relation zueinander zu setzen: „A ist B.“ Inhaltlich dient diese Konstruktion häufig dazu, Feststellungen zu treffen. Im folgenden Beispiel **(is mise Mìcheal)** lautet die Feststellung: „Ich bin Michael (und eben nicht Mary)“. Darüber hinaus werden oft die betonten Formen der persönlichen Fürwörter verwendet.

Is mise Mìcheal.	**An tusa Màiri?**	**'S mi.**	**Cha mhi.**
is mische Miichal	an tussa Maathi	smi	cha wi
ist ich Michael	*FP-ist du Mary*	*ist ich*	*nicht°-ist ich*
Ich bin Michael.	Bist du Mary?	Ja.	Nein.

Is *wird in der Umgangssprache häufig zu* **'s** *verkürzt.*

Das Verb „is“ (sein)

An e sin Port Rìgh?	**’S e.**	**Chan e.**
an ä schinn Porscht Rii	schä	chan jä
ist er jenes Portree	*ist er*	*nicht°-ist er*
Ist das Portree?	Ja.	Nein.

Bei einigen Formulierungen muss der Satz anders als im Deutschen konstruiert werden. Hier kommt die Relativpartikel ins Spiel, die später noch einmal richtig erklärt wird. Die Relativpartikel **a** *wird in der Wort-für-Wort-Übersetzung mit „welche/r/s“ übersetzt.*

’S e tìdsear a tha ann am Mìcheal.
schä tiidscher a ha aun am Miichel
ist er Lehrer welcher ist in (-) Michael
Michael ist ein Lehrer.

’S e Seumas an t-ainm a th’ orm.
schä Schemas an tännem a horrem
ist er James der Name welcher ist auf-ich
Ich heiße James.

’S e baile brèagha a tha ann an Inbhir Nis.
schä bale bri’a a ha aun an Injir Nisch
ist er Stadt schön welche ist in (-) Inverness
Inverness ist eine schöne Stadt.

Sin mo bhean.
schinn mo wän
jene meine° Frau
Das ist meine Frau.

Idiomatische Ausdrücke

Viele feststehende Ausdrücke werden mit **is** + Eigenschafts-/Hauptwort + Verhältniswort gebildet:

is toil le	s toll lä	*ist Wunsch mit*	mögen
is beag air	s bäk äth	*ist klein auf*	hassen
is fhèarr le	schaar lä	*ist besser mit*	bevorzugen
is coma le	s koma lä	*ist egal mit*	egal sein

Regelmäßige Verben & Zeiten

Um die einfachen Zeitstufen Vergangenheit und Zukunft zu bilden, geht man im Gälischen vom Verbstamm aus. Der wird in einem Lexikon immer zuerst genannt. Auch in den Wörterlisten des vorliegenden Bandes wird dies so gehandhabt.

Verbstamm & Befehlsform

Der Verbstamm entspricht der Befehlsform Einzahl. Für die Verneinung (= Verbot) wird ein **na** vorangestellt. Die Mehrzahl bildet man, indem man **-ibh** an den hell endenden Stamm, **-aibh** an den dunkel endenden Stamm anhängt. Das war's schon!

òl!	ool	trink!
na òl!	na ool	trink nicht!
òlaibh!	ooliw	trinkt!
na òlaibh!	na ooliw	trinkt nicht!
ceannaich!	keannich	kauf!
na ceannaich!	na keannich	kauf nicht!
ceannaichibh!	keannichiw	kauft!
na ceannaichibh!	na keannichiw	kauft nicht!

Von der Befehlsform können alle anderen Zeiten gebildet werden. Einzige Ausnahme ist die Gegenwart, die nur mit der Verlaufsform ausgedrückt werden kann!

Vergangenheit

Um die Vergangenheitsform (Aussageform) zu bilden, wird der 1. Mitlaut der Befehlsform leniert (soweit dies möglich ist). Danach folgt das persönliche Fürwort. Nicht immer beginnt das Verb (bzw. der Verbstamm) mit einem Mitlaut. Verbstämmen, die mit Selbstlaut beginnen, wird **dh'** vorangestellt.

Die zur Aussage zugehörige Frage wird genauso wie der entsprechende Aussagesatz gebildet, mit dem Unterschied, dass zunächst die Fragepartikel **an** (abgekürzt: „FP“) und dann die Vergangenheitspartikel **do** (abgekürzt: „V“) dem Satz vorangestellt wird.

Dieses **do** *hat übrigens nichts mit dem Verhältniswort* **do** *zu tun. Die Fragepartikel* **an** *hat auch nichts mit dem bestimmten Artikel* **an** *zu tun. Das kann man wunderbar verwechseln!*

Im Gälischen gibt es wie gesagt kein Wort für Ja und Nein. Möchte man auf eine Frage, die in der Vergangenheit steht, mit Ja antworten, so wiederholt man das Verb in seiner Aussageform. Möchte man die Frage hingegen verneinen, benutzt man die Verneinung **cha** mit der abhängigen Form des Verbs. Diese besteht aus der Vergangenheitspartikel **do** + Aussageform.

Hier Aussagesatz, Frage und Ja-/Nein-Antworten im Überblick:

- Verb beginnt mit lenierbarem Mitlaut **(b, c, d, g, m, p, t, s),** hier am Beispiel **ceannaich** (kauf!) gezeigt.

Cheannaich mi bainne.	**An do cheannaich thu ...?**	**Cheannaich.**	**Cha do cheannaich.**
cheannich mi bannje	an do cheannich u ...	cheannich	cha do cheannich
kaufte ich Milch	*FP V kaufte du ...*	*kaufte*	*nicht° V kaufte*
Ich kaufte Milch.	Kauftest du ...?	Ja.	Nein.

- Wenn das Verb mit einem Selbstlaut **(a, e, i, o, u)** beginnt, wird dem Selbstlaut ein **dh'** vorangestellt, hier am Beispiel: **ith** (iss!) gezeigt:

Dh'ith mi iasg an-dè.	**An do dh'ith e aran?**	**Dh'ith.**	**Cha do dh'ith.**
jich mi iask an-dschee	an do jich ä aran	jich	cha do jich
aß ich Fisch gestern	*FP V aß er Brot*	*aß*	*nicht° V aß*
Ich aß gestern Fisch.	Aß er Brot?	Ja.	Nein.

- Da bei der Lenierung von **f** zu **fh** das **f** stimmlos (also nicht gesprochen) wird, behandelt man Verben, die mit **f** beginnen, als würden sie mit einem Selbstlaut beginnen. Dem **fh** wird also ein **dh'** vorangestellt, hier am Beispiel **fosgail** (öffne!) gezeigt.

● Beginnt das Verb mit **l, n, r** oder **sg, sm, sp, st,** dann ändert sich am Wortanfang nichts, da diese Buchstaben nicht lenieren können, hier am Beispiel **sgrìobh** (schreib!) gezeigt (jeweils nur der Aussagesatz).

Partikeln sind Funktionsträger ohne eigene Wortbedeutung, z. B. die Fragepartikel, die den Satz als Frage kennzeichnet, und die Vergangenheitspartikel, die auf die Vergangenheit hinweist.

Dh'fhosgail mi an uinneag.	**Sgrìobh mi litir.**
ghoskal mi an unnjak	skriiw mi lichtschi[th]
öffnete ich das Fenster	*schrieb ich Brief*
Ich öffnete das Fenster.	Ich schrieb einen Brief.

Zukunft

Die Zukunft kann mehrere Bedeutungen haben: a) Es wird etwas geschehen. b) Es kann etwas geschehen. c) Es geschieht ständig etwas.

Die Zukunftsform wird wie die Vergangenheit vom Verbstamm gebildet. Bei dieser Zeitstufe wird jedoch eine Endung an den Stamm angehängt (am Wortanfang ändert sich nichts). Die Endung lautet **-idh,** wenn der Verbstamm auf einer hellen Silbe endet, bzw. **-aidh,** wenn der Verbstamm auf einer dunklen Silbe endet.

Die abhängige Form in der Zukunft ist mit dem Stamm (Befehlsform) des Verbs identisch.

Ceannaichidh mi bainne.	**An ceannaich thu bainne?**	**Ceannaichidh.**	**Cha cheannaich.**
keannichi mi bannje	an keannich u bannje	keannichi	cha cheannich
kaufen-werden ich Milch	*FP kaufen-werden ich Milch*	*kaufen-w.*	*nicht° kaufen-w.*
Ich werde/kann Milch kaufen. / Ich kaufe immer Milch.	Werde/kann ich Milch kaufen?	Ja.	Nein.

Sgrìobhaidh sinn càirt.	**An sgrìobh sibh càirt?**	**Sgrìobhaidh.**	**Cha sgrìobh.**
skriiwi schiin kaarscht	an skriiw schiiw kaarscht	skriiwi	cha skriiw
schreiben-w. wir Karte	*FP schreiben-w. ihr Karte*	*schreiben-w.*	*nicht schreiben-w.*
Wir werden/können eine Karte schreiben.	Werdet ihr eine Karte schreiben?	Ja.	Nein.

Das Relative Futur

Das persönliche Fürwort **thu** *verändert seine Form zu* **tu** *nach dem Relativen Futur. Die anderen persönlichen Fürwörter ändern sich nicht.*

Mit dem Begriff „Relatives Futur" bezeichnet man eine besondere Zukunftsform der Verben, die immer dann benutzt wird, wenn ein Relativpronomen (der, die, das, welche/r/s) dem Verb vorausgeht.

Es wird gebildet, indem man die Grundform (Stamm) des Verbs leniert (außer **d, t**) und die Endung **-as** bei dunkel endenden bzw. **-eas** bei hell endenden Wörtern anhängt. Verben, die mit einem Selbstlaut beginnen, stellen **dh'** voran.

an t-uisge a dh'òlas tu
an tüschke a ghoolas tu
das Wasser welches trinken-werden du
das Wasser, welches ich trinken werde

an ticead a cheannaicheas mi
an tichket a cheanniches mi
der Fahrschein welchen kaufen-werden ich
den Fahrschein, den ich kaufen werde

an leabhar a leughas mi
an ljo'or a lee'as mi
das Buch welches lesen-werden ich
das Buch, welches ich lesen werde

an duine a bhios ann
an dünje a wias aun
der Mann welcher sein-werden da
der Mann, der da sein wird

Besonders wichtig wird das Relative Futur im Kapitel „Fragewörter", da diesen fast immer das Relativpronomen folgt.

Unregelmäßige Verben

Es gibt im Schottisch-Gälischen nur 10 unregelmäßige Verben, die dafür aber sehr unregelmäßig sind. Dummerweise sind es gerade die, die man am häufigsten benutzt. Hier sind die 10 Querulanten: **abair** ape[th] (sagen), **beir** bä[th] (tragen), **cluinn** kluinn (hören), **dèan** dscheean (machen), **faic** fächk (sehen), **faigh** fai (bekommen), **rach** rach (gehen), **ruig** ruk (erreichen), **thig** hik (kommen), **thoir** hoo[th] (geben).

Die unregelmäßigen Verben werden in der folgenden Übersicht mit den jeweiligen Aussageformen und abhängigen Formen, Fragebeispielen sowie den Antworten für Ja und Nein angegeben. In der Überschrift ist außerdem die Übersetzung des Verbs **abair** ape[th] (sagen) als Beispiel genannt, um die jeweilige Form zu verstehen. Das in Klammern gesetzte persönliche Fürwort ist nur ein „Platzhalter", für den dann im Gälischen das gewünschte persönliche Fürwort (steht nach der Verbform!) eingesetzt werden muss.

Sollten Sie es als schwierig empfinden, die unregelmäßigen Verben zu benutzen – was verständlich wäre – nehmen Sie einfach die Verlaufsformen mit Tätigkeitshauptwort und **tha**, **bha** oder **bidh**. Diese sind regelmäßig, für den Anfang wird Sie jeder verstehen, und es gibt keine Tränen. Damit das auch klappt, ist das Tätigkeitshauptwort zur Sicherheit auch mit angegeben.

Und noch zwei Besonderheiten: Für das Verb **beir** bä[th] (tragen) gibt es zwei gebräuchliche Tätigkeitshauptwörter, und bei den mit (*) gekennzeichneten Formen lautet das persönliche Fürwort „du" **tu** anstatt **thu**!

Unregelmäßige Verben

Stamm *sag!*	Tätigkeitshauptwort *bei Sagen*	Vergangenheit *(ich) sagte*	Zukunft *(ich) werde sagen*	Frage in der Vergangenheit *sagtest (du)?*	Antwort in der Vergangenheit *ja/nein*	Frage in der Zukunft *wirst (du) sagen?*	Antwort in der Zukunft *ja/nein*
abair!	**ag ràdh**	**thuirt**	**their**	**an tuirt?**	**thuirt/cha tuirt**	**an abair?**	**their/chan abair**
apeth	ag raa	hurscht	häth	an duurscht	huurscht/cha duurscht	an apeth	häth/chan apeth
beir	**a' beirsinn,**	**rug**	**beiridh**	**an d' rug?**	**rug/cha d' rug**	**am beir?**	**beiridh/cha bheir**
bäth	a bäthschinn,	ruk	bäthi	an druck	ruk/cha druk	am bäth	bäthi/cha wäth
	a' breith						
	a bräi						
cluinn	**a' cluinntinn**	**chuala**	**cluinnidh**	**an cuala? (*)**	**chuala/cha chuala**	**an cluinn?**	**cluinnidh/cha chluinn**
kluinn	a kluinntschin	chuala	klunnji	an guala	chuala/cha chuala	an kluinn	klunnji/cha chluinn
dèan	**a' dèanamh**	**rinn**	**nì**	**an d' rinn?**	**rinn/cha d' rinn**	**an dèan?**	**nì/cha dean**
dscheean	a dscheeanaw	reinn	nii	an dreinn	reinn/cha dreinn	an dscheean	nii/cha dscheean
faic	**a' faicinn**	**chunnaic**	**chì**	**am faca? (*)**	**chunnaic/chan fhaca**	**am faic?**	**chì/chan fhaic**
fächk	a fächkinn	chunnichk	chii	am fachka	chunnichk/chan achka	am fächk	chii/chan ächk
faigh	**a' faighinn**	**fhuair**	**gheibh**	**an d'fhuair?**	**fhuair/cha d' fhuair**	**am faigh?**	**gheibh/chan fhaigh**
fai	a fai'inn	huath	jiff	an duath	huath/cha duath	am fai	jiff/chan ai
rach	**a' dol**	**chaidh**	**thèid**	**an deach?**	**chaidh/cha deach**	**an tèid?**	**thèid/cha tèid**
rach	a doll	chai	heedsch	an dscheach	chai/cha dscheach	an dscheedsch	heedsch/cha dscheedsch
ruig	**a' ruigsinn**	**ràinig**	**ruigidh**	**an d' ràinig thu?**	**ràinig/cha d' ràinig**	**an ruig?**	**ruigidh/cha ruig**
ruk	a rukschinn	raanik	ruki	an draanik	raanik/cha draanik	a ruk	ruki/cha ruk
thig	**a' tighinn**	**thàinig**	**thig**	**an tàinig?**	**thàinig/cha tàinig**	**an tig?**	**thig/cha tig**
hik	a tschi'inn	haanik	hik	an daanik	haanik/cha daanik	an dschik	hik/cha dschik
thoir	**a' toirt**	**thug**	**bheir**	**an tug?**	**thug/cha tug**	**an toir?**	**bheir/cha toir**
hooth	a toorscht	huk	wäth	an duk	huk/cha duk	an tooth	wäth/cha tooth

Von Fall zu Fall – die Beugung

Das Schottisch-Gälische unterscheidet fünf Fälle, wobei jedoch der 4. Fall Einzahl mit dem 1. Fall identisch ist. In der Mehrzahl gibt es nur für den 1., 2. und 5. Fall Beugungsformen. In alten Schriftstücken, Liedern und Gedichten sieht man häufig noch den 3. Fall Mehrzahl (Endung auf **-ibh**).

Die Fälle

- **1. Fall (Nominativ)** – Der erste Fall ist die Grundform des Wortes. Mit der Frage „wer“ oder „was?“ erfragt man den 1. Fall. In dieser Grundform findet man gälische Hauptwörter im Lexikon.
- **2. Fall (Genitiv)** – Den zweiten Fall erfragt man mit „wessen?“ Er zeigt Besitz oder Herkunft an. Die Genitivform findet man bei Hauptwörtern als zweite Form in der Wörterliste (in eckigen Klammern).
- **3. Fall (Dativ)** – Den dritten Fall erfragt man mit „wem?“. Im Gälischen steht er nach den meisten aller Verhältniswörter.
- **4. Fall (Akkusativ)** – Praktischerweise ist diese Form identisch mit dem 1. Fall. Deshalb wird er in Lehrbüchern oft nicht aufgeführt, und wir brauchen uns auch nicht weiter darum zu kümmern.
- **5. Fall (Vokativ)** – Der Vokativ ist der so genannte Anredefall. Er wird bei der Anrede benutzt. Die Namen der angeredeten Personen werden dann im Vokativ gebeugt. Im Deutschen gibt es diesen Fall gar nicht, es sei denn in Ausrufen oder religiösen Anrufungen („Oh Gott!“, „Oh Herr“), aber hier ändert sich nichts am Namen selbst. Das **A** vor dem gälischen Hauptwort im Vokativ entspricht diesem „oh“ im Deutschen.

In der Wort-für-Wort-Übersetzung werden gebeugte Wörter durch die hochgestellte Zahl des entsprechenden Falls gekennzeichnet, jedoch nicht, wenn die Form mit dem 1. Fall identisch ist!

Von Fall zu Fall – die Beugung

Beugung des bestimmten Artikels

Haben Sie's bemerkt? Der 2. Fall männlich Ez und der 1. Fall weiblich Ez sind auch identisch!

Je nach grammatischem Geschlecht des Hauptwortes und dessen Anfangsbuchstaben verändert sich die Form des Artikels.

Einzahl	Wort beginnt mit ...	männlich	Wort beginnt mit ...	weiblich
1. Fall	**b, p, f, m**	**am**	lenierbarer Mitlaut	**a'**
	Selbstlaut	**an t-**	Selbstl., **l, n, r, sg, sm, sp, st**	**an**
	alle anderen	**an**	**s, sl, sn, sr**	**an t-**
			f	**an**
2. Fall	lenierbarer Mitlaut	**a'**	Selbstlaut	**na h-**
	Selbstl., **l, n, r, sg, sm, sp, st**	**an**	Mitlaut	**na**
	s, sl, sn, sr	**an t-**		
	f	**an**		
Einzahl	**Wort beginnt mit ...**	**männlich + weiblich**		
3. Fall	lenierbarer Mitlaut	**a'**		
	Selbstl., **l, n, r, sg, sm, sp, st**	**an**		
	s, sl, sn, sr	**an t-**		
	f	**an**		
Mehrzahl	**Wort beginnt mit ...**	**männlich + weiblich**		
1. Fall	Selbstlaut	**na h-**		
	Mitlaut	**na**		
2. Fall	**b, p, f, m**	**nam**		
	alle anderen	**nan**		

Ausnahmen bei der Lenition

In der Beugung der Hauptwörter leniert der bestimmte Artikel nie **d** und **t** am Wortanfang eines Hauptwortes.

Sollten Sie im Eifer des Gefechts den falschen Artikel benutzen ... – keine Sorge. Sie werden auf jeden Fall aus dem Zusammenhang heraus verstanden.

Steht der bestimmte Artikel **an t-** vor **s**, so wird das **t** mit Bindestrich vor das Hauptwort gesetzt und das **s** nicht mehr gesprochen, man tut so, als würde das Wort mit dem auf das **s** folgenden Buchstaben beginnen. Das **s** kann noch eine ganze Menge anderer toller Dinge verursachen, siehe Grammatikbücher im Anhang, die darüber spannend berichten.

Beugung der Hauptwörter

Um ein Hauptwort zu beugen, geht man jeweils von der Grundform des Wortes (unbestimmte Form) aus. Abhängig vom Fall des Wortes ändert sich der Wortanfang und manchmal auch das Wortende des Hauptwortes. Wenn die Hauptwörter mit dem bestimmten Artikel zusammengesetzt werden sollen, muss man sie so behandeln wie in der folgenden Tabelle beschrieben.

Verwenden Sie die folgenden Übersichten nur zum Nachschlagen und versuchen Sie nicht, sie auswendig zu lernen. Mit der Zeit werden Sie ein Gefühl für den richtigen Artikel bekommen!

Einzahl	**männlich + Artikel**	**weiblich + Artikel**
1. Fall	Grundform Ez	wenn möglich lenieren
2. Fall	wenn möglich lenieren, letzte Silbe aufhellen	letzte Silbe aufhellen und am Wortende häufig **-e** anfügen; das **-e** wird oft nicht gesprochen!
3. Fall	wenn möglich lenieren	wenn möglich lenieren, manchmal wird die letzte Silbe aufgehellt (muss man jew. lernen)
5. Fall	wenn möglich lenieren, letzte Silbe aufhellen, wenn Wort mit Mitlaut beginnt: **a** voranstellen	wenn möglich lenieren, wenn Wort mit Mitlaut beginnt: **a** voranstellen
Mehrzahl	**männlich/weiblich + Artikel**	
1. Fall	Grundform Mehrzahl	
2. Fall	wenn Grundform Mz dunkel endet, identisch mit 1. Fall Mz wenn Grundform Mz hell endet, identisch mit 1. Fall Ez	
5. Fall	**a** voranstellen und Grundform Mz wenn möglich lenieren	

Und damit es nicht zu abstrakt wird, wird hier die Beugung Hauptwort plus Artikel anhand von Beispielen vorgeführt. Der 5. Fall (Anredefall) ist zwar nicht immer sinnvoll und zum Teil spaßig, aber zum Üben erlaubt! Beispiele für die Namen im Anredefall findet man im Kap. „Namen & Anrede“.

Achtung: **d** *und* **t** *werden bei der Beugung der Hauptwörter nicht leniert.*

Von Fall zu Fall – die Beugung

männliche Hauptwörter in der Einzahl

1. Fall ohne Artikel	1. Fall mit Artikel	2. Fall	3. Fall mit Verhältniswort	5. Fall (Anredefall)
Das Hauptwort beginnt mit einem Selbstlaut: **a, e, i, o, u**				
eilean	**an t-eilean**	**an eilein**	**anns an eilean**	**eilein!**
ällan	an tschällan	an ällein	auns an ällan	ällan
Insel	die Insel	der Insel	auf der Insel	Insel!
Das Hauptwort beginnt mit **b, p, f, m** (lenierbar)				
balach	**am balach**	**a' bhalaich**	**leis a' bhalach**	**a bhalaich!**
ballach	am ballach	a wallich	läsch a wallach	a wallich
Junge	der Junge	des Jungen	mit dem Jungen	Junge!
Das Hauptwort beginnt mit **c, g** (lenierbar)				
cat	**an cat**	**a' chait**	**leis a' chat**	**a chait!**
kacht	an kacht	a chatsch	läsch a chacht	a chatsch
Katze	die Katze	der Katze	mit der Katze	Katze!
Das Hauptwort beginnt mit **d, t, l, n, r, sg, sm, sp, st** (es wird nicht leniert)				
doras	**an doras**	**an dorais**	**aig an doras**	**a dhorais!**
dorrass	an dorrass	an dorrisch	äg an dorrass	a ghorrisch
Tür	die Tür	der Tür	bei der Tür	Tür!
Das Hauptwort beginnt mit **s** (es wird nicht leniert)				
seòmar	**an seòmar**	**an t-seòmair**	**anns an t-seòmar**	**a sheòmair!**
schoomer	an schoomer	an tschoometh	auns an tschoomer	a hoometh
Zimmer	das Zimmer	des Zimmers	in dem Zimmer	Zimmer!

Achtung: Der Vokativ (Anredefall) leniert im Gegensatz zu den anderen Fällen alle lenierbaren Mitlaute, also auch **d, t,** und **s**. Genau wie in der Einzahl entfällt auch hier das **a,** wenn das folgende Hauptwort mit einem Selbstlaut beginnt. Übrigens ist der Vokativ von **balaich** (Junge) unregelmäßig (*)!

Mehrzahl

1. Fall ohne Artikel	1. Fall mit Artikel	2. Fall	–	5. Fall (Anredefall)
Das Hauptwort (1. Fall Mz) beginnt mit Mitlaut und endet hell				
balaich	**na balaich**	**nam balach**	–	**a bhalachaibh!**
ballich	na ballich	nam ballach		a wallachiw
Jungen	die Jungen	der Jungen		Jungen!*

weibliche Hauptwörter in der Einzahl

1. Fall ohne Artikel	1. Fall mit Artikel	2. Fall	3. Fall mit Verhältniswort	5. Fall (Anredefall)
Das Hauptwort beginnt mit einem Selbstlaut: **a, e, i, o, u**				
eaglais	**an eaglais**	**na h-eaglaise**	**anns an eaglais**	**eaglais!**
äklisch	an äklisch	na häklisch	auns an äklisch	äklisch
Kirche	die Kirche	der Kirche	in der Kirche	Kirche!
Das Hauptwort beginnt mit **b, p, m, c, g** (lenierbar)				
caileag	**a' chaileag**	**na caileige**	**aig a' chaileig**	**a chaileag!**
kallek	a challek	na kallige	äk a challik	a challek
Mädchen	das Mädchen	des Mädchens	bei dem Mädchen	Mädchen!
Das Hauptwort beginnt mit **f** (lenierbar)				
fideag	**an fhideag**	**na fideige**	**air an fhideag**	**fhideag!**
fidschak	an idschak	na fidschege	äth an idschak	idschak
Flöte	die Flöte	der Flöte	auf der Flöte	Flöte!
Das Hauptwort beginnt mit **d, t, l, n, r, sg, sm, sp, st** (es wird nicht leniert)				
sgoil	**an sgoil**	**na sgoile**	**anns an sgoil**	**a sgoil!**
skoll	an skoll	na skolle	auns an skoll	a skoll
Schule	die Schule	der Schule	in der Schule	Schule!
Das Hauptwort beginnt mit **s** (es wird nicht leniert)				
sràid	**an t-sràid**	**na sràide**	**air an t-sràid**	**a shràid!**
straadsch	an traadsch	na straadsche	äth an traadsch	a raadsch
Straße	die Straße	der Straße	auf der Straße	Straße!

Die Bildung und Beugung der Mehrzahl ist unabhängig vom grammatischen Geschlecht, funktioniert also für männliche und weibliche Hauptwörter gleich. Ist das nicht schön? Vergleiche auch Seite 22/23.

Mehrzahl

1. Fall ohne Artikel	1. Fall mit Artikel	2. Fall	–	5. Fall (Anredefall)
Das Hauptwort (1. Fall Mz) beginnt mit Selbstlaut und endet dunkel				
eaglaisean	**na h-eaglaisean**	**nan eaglaisean**	–	**eaglaisean!**
äklischen	na häklischen	nan äklischen		äklischen
Kirchen	die Kirchen	der Kirchen		Kirchen!

Beugung der Eigenschaftwörter

Die Beugung der Eigenschaftswörter folgt den gleichen Regeln wie die der Hauptwörter. Das heißt, sie folgen dem Hauptwort in allen Veränderungen. Das **s** spielt wieder eine Sonderrolle und leniert bei den Eigenschaftswörtern zu **sh** (!), außer bei **sg, sm, sp, st.**

am balach beag (1. Fall m)	**a' chaileag bheag** (1. Fall w)
am ballach bäk	a challek wäk
der Junge klein	*das° Mädchen° klein*
der kleine Junge	das kleine Mädchen

a' bhalaich bhig (2. Fall m)	**na caileige bige** (2. Fall w)
a wallich wik	na kallige bike
des[2]° Jungen[2]° klein[2]	*des[2] Mädchen[2] klein[2]*
des kleinen Jungen	des kleinen Mädchens

leis a' bhalach bheag (3. m)	**leis a' chaileig bhig** (3. Fall w)
läsch a wallach wäk	läsch a challik wik
mit dem[3]° Jungen[3]° klein[3]	*mit dem[3]° Mädchen[3]° klein[3]*
mit dem kleinen Jungen	mit dem kleinen Mädchen

Wenn das zugehörige, in der Mehrzahl stehende Hauptwort mit einer hellen Silbe endet, wird das Eigenschaftswort leniert. Endet das Hauptwort dunkel, bleibt das Eigenschaftswort unleniert. Wenn das Eigenschaftswort darüber hinaus auf einem Mitlaut endet oder aber nur aus einer einzigen Silbe besteht, hängt man an das Eigenschaftswort **-a** an. Dies gilt dann für alle Fälle!

na balaich bheaga	**na taighean beaga**
na ballich wäka	na tähen bäka
die Jungen kleine	*die Häuser kleine*
die kleinen Jungen	die kleinen Häuser

An taigh beag bedeutet „das kleine Haus". Schreibt man es mit einem Bindestrich (**an taigh-beag**), bedeutet es „Toilette". In Schottland geben viele Leute ihren Häusern Namen – in nicht gälischsprachigen Gebieten auch gerne gälische Namen. Beliebt ist **an taigh beag agam** (mein kleines Haus). Ein Bindestrich am falschen Ort, z. B. in einer Reihenhaus-Vorortsiedlung von Glasgow kann hier zu großer Erheiterung führen, wenn man ein wenig Ahnung vom Gälischen hat. Lächeln Sie still und wissend in sich hinein, fahren Sie daran vorbei und fragen Sie bloß nicht, ob Sie mal „dürfen".

Umstandswörter

Mit Umstandswörtern (Adverbien) beschreibt man die Eigenschaften von Verben. Umstandswörter bildet man im Schottisch-Gälischen, indem man dem Eigenschaftswort das Wort **gu** voranstellt. Beginnt ein Eigenschaftswort mit einem Selbstlaut, wird **gu h-** vorangestellt. Sehr oft wird das **gu** weggelassen. Wenn Sie das auch machen, ist das nicht weiter schlimm. Sie werden auch so verstanden.

Tha mi gu math.	**Bidh mi ann a-nochd gu dearbh.**
ha mi gu ma	bii mi aun a-nochk gu dschärraw
ist ich U gut	*sein-werden ich da heute-abend U sicher*
Mir geht es gut.	Ich werde bestimmt heute da sein.

In der Wort-für-Wort-Übersetzung wird **gu** *mit „U" dargestellt, da es keine sinnvolle Übersetzung gibt.*

Steigern & Vergleichen

Im Schottisch-Gälischen gibt es wie im Deutschen drei Steigerungsformen von Eigenschaftswörtern.

steigern

Achtung: **Nas** *und* **as** *lösen nur bei Eigenschaftswörtern, die mit* **-f** *beginnen, Lenition aus!*

Der Komparativ (1. Steigerungsstufe) wird mit vorangestelltem **nas** nass (mehr), der Superlativ (2. Steigerungsstufe) mit **as** ass (ist meist) und dem gesteigerten Eigenschaftswort gebildet. Die häufigste Art Eigenschaftwörter zu steigern: Hellen Sie die letzte Silbe auf (**i** vor den letzten Buchstaben einfügen) und **e** hinten an das Wort anhängen. Endet das Eigenschaftswort hell, brauchen Sie gar nichts zu tun!

sean schän alt	**nas sine** nass schine älter	**as sine** ass schine am ältesten
fuar fuar kalt	**nas fhuaire** nassuathe kälter	**as fhuaire** assuathe am kältesten

Die wichtigsten unregelmäßig gesteigerten Eigenschaftswörter sind:

math ma gut	**nas fheàrr** naschaar besser	**as fhèarr** aschaar am besten
dona donna schlecht	**nas miosa** nass missa schlechter	**as miosa** ass missa am schlechtesten
mòr moor groß	**nas motha** nass mo'a größer	**as motha** ass mo'a am größten
beag bäk klein	**nas lugha** nass lugha kleiner	**as lugha** ass lugha am kleinsten
goirid gorridsch kurz	**nas giorra** nass girra kürzer	**as giorra** ass girra am kürzesten
furasda furasda einfach	**nas fhasa** nassassa einfacher	**as fhasa** assassa am einfachsten

vergleichen

Tha Barraigh cho brèagha ri Uibhist a Deas.
ha Barrai cho bri'a ri Uischt a Dschäss
ist Barra so schön wie Uist im Süden
Barra ist so schön wie South-Uist.

A ist wie B

In den Wörterlisten im Anhang wird das gesteigerte Eigenschaftswort immer in eckigen Klammen angegeben.

Tha mi sgìth ris a' chù.
ha mi skii risch a chuu
ist ich müde zu dem[3]° Hund[3]
Ich bin hundemüde (müde wie ein Hund).

Tha Glaschu nas motha na Dùn Èideann.
ha Glassechu nass mo'a na Duun Eedschan
ist Glasgow mehr groß als Edinburgh (-)
Glasgow ist größer als Edinburgh.

A ist ...-er als B

Is e Inbhir Nis am baile as motha anns a' Ghàidhealtachd.
schä Injir Nisch am balle ass mo'a auns a Ghä'eltachk
ist es Inverness die Stadt meist größer in dem[3]° Hochland[3]
Inverness ist die größte Stadt im Hochland.

A ist am ...-sten
Sätze mit dem Superlativ bildet man mit dem Verb **is** *(sein).*

Verhältniswörter

Die Verhältniswörter legen im Gälischen ein ungewöhnliches Verhalten an den Tag: Sie können sowohl mit den bestimmten Artikeln als auch mit den persönlichen Fürwörtern ein Verhältnis eingehen. Das bedeutet, dass sie miteinander verschmelzen können. Hier werden nur die häufigsten genannt, und wenn man mit diesen umgehen kann, wird man die meisten Situationen sprachlich meistern können.

Verhältniswörter

Grundform einiger einfacher Verhältniswörter

Die Verhältniswörter bleiben mit einem unbestimmten Hauptwort meistens unverändert. Es gibt folgende Ausnahmen: **Ann** verdoppelt sich zu **ann an,** und **do** verdoppelt sich bei Wörtern, die mit einem Selbstlaut beginnen, zu **do dh'.**

Eine schöne Verwechslungsgeschichte ist auch der Gebrauch des Verhältniswortes **à. Do** *kann nämlich auch als* **a** *erscheinen. Der einzige Unterschied ist der Akzent.* **À** *heißt „aus", während* **a** *„zu" bedeutet und das folgende Wort leniert.*

Tha mi ann an Alba.
ha mi aun an Allepa
bin ich in (-) Schottland
Ich bin in Schottland.

Tha mi a' dol do dh' Inbhir Nis.
ha mi a doll do Jinjir Nisch
bin ich bei Gehen zu° (-) Inv. (-)
Ich gehe nach Inverness.

Tha mi à Barraigh.
ha mi a Barrai
ist ich aus Barra
Ich bin aus Barra.

Aber: **Tha mi a' dol a Bharraigh.**
ha mi a doll a Warrai
ist ich beim Gehen zu° Barra
Ich gehe nach Barra.

ann	aun	in	**le**	lä	mit
ri	ri	zu	**à**	a	aus
air	äth	auf	**eadar**	ätter	zwischen
aig	äk	bei	**còmhla ri**	koola ri	zusammen mit
gu	gu	nach (Richtg.)			

Tha Eirisgeidh eadar Barraigh agus Uibhist a Deas.
ha Erischkei ätter Barrai ages Uischt a Dschäss
ist Eriskay zwischen Barra und Uist im Süden
Eriskay liegt zwischen Barra und South-Uist.

Die nebenstehenden Verhältniswörter lenieren in ihrer Grundform das folgende unbestimmte Hauptwort.

fo°	fo	unter	**bho°**	wo	von (... nach)
ro°	ro	vor (zeitlich)	**de°**	dschä	von (etwas)
do°	do	zu (in Ri. auf)			

Bidh mi a' draibheadh bho Ghlaschu gu Peairt.
bii mi a draiwagh wo Ghlassechu gu Pearscht
sein-werden ich bei Fahren von° Glasgow nach Perth
Ich werde von Glasgow nach Perth fahren.

Verhältniswörter vor dem bestimmten Artikel

Bis auf **eadar** und **gu** folgt auf alle hier aufgeführten Verhältniswörter der 3. Fall. Wir erinnern uns mit Schrecken an den bestimmten Artikel im Dativ: Sobald die Verhältniswörter mit dem Dativ zusammenkommen, treten bestimmte Veränderungen ein. Die folgenden Verhältniswörter hängen ein **-s** an:

Grundform			vor best. Artikel im 3.Fall		
ann	aun	→	**anns**	auns	in
le	lä	→	**leis**	läsch	mit
ri	ri	→	**ris**	risch	zu
à	a	→	**às**	ass	aus

Tha mi anns an Eilean Sgitheanach.
ha mi auns an Ällan Ski'anach
ist ich in der^{3} ° Insel^{3} Skye^{3}
Ich bin auf der Insel Skye.

Tha mi ag èisdeachd ris an rèidio.
ha mi ak eeschtscheachd risch an reedio
ist ich beim Hören zu dem^{3} ° Radio^{3}
Ich höre Radio.

Thàinig e leis a' chàr ùr.
haanik ä läsch a chaar uur
kam er mit-dem^{3} ° Auto^{3} neu^{3}
Er kam mit dem neuen Auto.

Tha e às a' Ghearmailt.
ha ä ass a Jerremaltsch
ist er aus dem^{3} ° Deutschland^{3}
Er ist aus Deutschland.

Die folgenden Verhältniswörter verschmelzen mit dem bestimmten Artikel (Einzahl) **an**.

Grundform			mit best. Artikel im 3.Fall		
do°	do	zu	**don**°	don	zu dem
fo°	fo	unter	**fon**°	fon	unter dem
bho°	wo	von	**bhon**°	won	von dem
de°	dschä	von	**den**°	dschän	von dem
ro°	ro	vor	**ron**°	ron	vor dem

Tha mi a' dol don Fhraing.
ha mi a doll don Raink
ist ich bei Gehen zu-dem^{3} ° Frankr.^{3}
Ich gehe nach Frankreich.

Tha mi den bheachd gu bheil Alba brèagha.
ha mi dschän weachd gu wäil Allepa bri'a
ist ich von-dem^{3} ° Gedanken^{3} dass ist Schottl. schön
Ich finde Schottland schön.

Air äth (auf) und **aig** äk (bei) behalten ihre Grundform, wenn der bestimmte Artikel Einzahl folgt. Wenn jedoch das auf das Verhältniswort folgende Hauptwort in der Mehrzahl steht, behalten alle Verhältniswörter die Grundform!

Chòisich mi aig a' chladach.
chooschich mi äk a chlatach
wanderte ich bei der[3]° Küste[3]
Ich wanderte entlang der Küste.

Chaidh e do na h-eileanan.
chai ä do na hällanen
ging er zu° die Inseln
Er reiste auf die Inseln.

Beugung der Verhältniswörter

Verhältniswörter werden im Schottisch-Gälischen, wie bereits angedroht, gebeugt und gehen eine Verbindung mit den persönlichen Fürwörtern ein.

Zusammen mit einer Form von **bi** (sein) kann man „haben", im Sinne von „besitzen" ausdrücken (s. a. Kap. „Haben").

Im Gälischen „spricht" man Sprachen nicht, man „hat" sie. Auch die Kleidung ist „auf".

Tha Gàidhlig agam.
ha Gaalik akam
ist Gälisch bei-ich
Ich spreche Gälisch.

Chan eil airgead agam.
chan jäil ätheget akam
nicht° ist Geld bei-ich
Ich habe kein Geld.

Dè an t-ainm a th' ort?
dschee an tännem a horscht
was der Name welcher ist auf-du
Wie heißt du?

Tha còta orm.
ha kochta orrem
ist Mantel auf-ich
Ich habe einen Mantel an.

aig	äk	bei
agam	akam	bei mir
agad	akat	bei dir
aige	äke	bei ihm
aice	ächke	bei ihr
againn	akinn	bei uns
agaibh	akiw	bei euch
aca	achka	bei ihnen

air	äth	auf
orm	orrem	auf mir
ort	orscht	auf dir
air	äth	auf ihm
oirre	orre	auf ihr
oirnn	othin	auf uns
oirbh	othiw	auf euch
orra	orra	auf ihnen

ann	aun	in
annam	annam	in mir
annad	annad	in dir
ann	aun	in ihm
innte	iinschte	in ihr
annainn	annin	in uns
annaibh	anniw	in euch
annta	aunta	in ihnen

ri	ri	zu/mit
rium	rum	zu mir
riut	rut	zu dir
ris	risch	zu ihm
rithe	ri'e	zu ihr
ruinn	rinn	zu uns
ruibh	riw	zu euch
riutha	ru'a	zu ihnen

le	lä	mit
leam	läm	mit mir
leat	lät	mit dir
leis	läsch	mit ihm
leatha	lä'a	mit ihr
leinn	läin	mit uns
leibh	läiw	mit euch
leotha	leo'a	mit ihnen

do	do	zu
dhomh	gho	zu mir
dhut	ghut	zu dir
dha	gha	zu ihm
dhi	ji	zu ihr
dhuinn	ghuin	zu uns
dhuibh	ghuiw	zu euch
dhaibh	ghaiw	zu ihnen

'S e duine gasda a th' ann.
schä dünje gasda a haun
ist er Mann nett welcher ist in-er
Er ist ein netter Mann.

'S e oileanach a th' annam.
schä ollanach a hannam
ist Student welcher ist in-ich
Ich bin Student.

Coinnichidh mi riut air an aiseag.
konnichi mi rut äth an aschäk
werde-treffen ich zu-du auf der[3]° *Fähre*[3]
Ich werde dich auf der Fähre treffen.

Fuirich orm!
futhich orrem
warte auf-ich
Warte auf mich!

Tapadh leat/leibh!
tachpa lät/läiw
Dank mit-du/mit-ihr
Danke dir/Ihnen!

Is toil leam coiseachd.
is toll läm koschachk
ist Wunsch mit-ich Wandern
Ich möchte wandern.

Thoir dhomh an cupa!
hooth gho an kuchpa
gib zu-ich die Tasse
Gib mir die Tasse!

Seo sùgh orains dhut!
scho ssuu orinsch ghut
dies Saft Apfelsine zu-du
Hier ist Apfelsinensaft für dich!

Besitzanzeigende Fürwörter

Schottisch-Gälisch hat zwei Möglichkeiten, Besitz oder Zugehörigkeit anzuzeigen: Verwandte oder persönliche Gegenstände (natürlich auch unser Liebstes ... – das Auto) werden mit den folgenden besitzanzeigenden Fürwörtern, die dem zugehörigen Hauptwort immer vorangestellt sind, bezeichnet. Die mit ° gekennzeichneten besitzanzeigenden Fürwörter lösen eine Lenition am darauffolgenden Hauptwort aus (falls dieses lenierbar ist).

Das besitzanzeigende Fürwort **ur** *(euer) wird manchmal auch* **bhur** *geschrieben.*

vor Mitlaut		**vor Selbstlaut**		
mo°	mo	**m'°**	m-	mein
do°	do	**d'°**	d-	dein
a°	a	**–**	–	sein
a	a	**a h-**	a h-	ihr
ar	ar	**ar n-**	ar n-	unser
ur	ur	**ur n-**	ur n-	euer
vor b, p, f, m		**vor allen anderen**		
am	am	**an**	an	ihr (Mz)

Das war die Trockenübung, jetzt kommen zwei Beispiele, an denen man ablesen kann, wie die besitzanzeigenden Fürwörter funktionieren:

Hauptwort beginnt mit lenierbarem Mitlaut			**Hauptwort beginnt mit Selbstlaut**		
càr	kaar	Auto	**athair**	aheth	Vater
mo chàr	mo chaar	mein Auto	**m' athair**	maheth	mein Vater
do chàr	do chaar	dein Auto	**d' athair**	daheth	dein Vater
a chàr	a chaar	sein Auto	**athair**	aheth	sein Vater
a càr	a kaar	ihr Auto	**a h-athair**	a haheth	ihr (Ez) Vater
ar càr	ar kaar	unser Auto	**ar n-athair**	ar naheth	unser Vater
ur càr	ur kaar	euer Auto	**ur n-athair**	ur naheth	euer Vater
an càr	an kaar	ihr Auto	**an athair**	anaheth	ihr (Mz) Vater

Ar n-athair a tha air neamh ...	**m' athair 's mo mhàthair**
ar naheth a ha äth näw ...	mahärsmowaaheth
unser Vater welcher ist auf Himmel ...	*mein° Vater und meine° Mutter*
Vater unser im Himmel ... (Beginn des Vater Unser)	meine Eltern

Daneben drückt das Gälische hauptsächlich Besitz durch eine Zusammensetzung von persönlichen Fürwörtern und dem Verhältniswort **aig** (bei) aus (s. a. nächstes Kapitel).

an duine agam	**a' bhean agad**	**an taigh aige**	**an rothair aice**
an dünje akam	a wän akat	an tai äke	an roheth ächke
der Mann bei-ich	*die° Frau bei-du*	*das Haus bei-er*	*das Fahrrad bei-sie(Ez)*
mein Mann	deine Frau	sein Haus	ihr Fahrrad

Haben & Besitzen

Das Verb „haben" gibt es nicht im Schottisch-Gälischen. Etwas „haben", im Sinne von „besitzen" (z. B. einen Gegenstand) wird mit dem Hilfsverb **bi** (sein) und dem Verhältniswort **aig** (bei) ausgedrückt. Und so funktioniert es:

tha ... (Hauptwort) **aig ...** (Person) = haben
ist ... bei ...

Tha Gàidhlig aig Màiri.	**Bha càr aig an athair.**
ha Gaalik äk Maathi	wa kaar äk an aheth
ist Gälisch bei Màiri	*war Auto bei dem[3]° Vater[3]*
Mary kann („hat") Gälisch.	Der Vater hatte ein Auto.

Besitzanzeigende Fürwörter

Tha Gearmailtis aig a' bhodach.
ha Gerremaltschisch äk a wottach
ist Deutsch bei dem$^{3°}$ alten-Mann^{3}
Der alte Mann kann Deutsch.

A bheil seòmar agaibh airson a-nochd?	**Tha.**	**Chan eil.**
a wäil schoomer akiw ärsson a-nochk	ha	chan jäil
FP ist Zimmer bei-ihr für heute-Abend	*ist*	*nicht° ist*
Haben Sie ein Zimmer für heute Abend?	Ja.	Nein.

„Befindlichkeiten haben" drückt man mit dem Verb **bith** *(sein) und dem Verhältniswort* **air** *(auf) aus.*

acras	achkras	Hunger	**pathadh**	pa'agh	Durst
cabhag	kafag	Eile	**eagal**	äkal	Angst

Tha an t-acras orm.
ha an tachkras orrem
ist der Hunger auf-ich
Ich habe Hunger.

Tha am pathadh air Màiri.
ha am pa'agh äth Maathi
ist der Durst auf Màiri
Mary hat Durst.

Tha cabhag orra.
ha kafak orra
ist Eile auf-sie(Mz)
Sie sind in Eile.

Tha an t-eagal oirnn.
ha an tschäkel othin
ist die Angst auf-wir
Wir haben Angst.

Wenn einer (ganz allein!) etwas besitzt, kommt das Verhältniswort **le** lä (mit) ins Spiel. Dabei wird diese Konstruktion eigentlich nur auf die direkte Frage nach Besitz angewandt. In der Antwort wird eine betonte Form verwendet, d. h. die Endung **-sa** angehängt.

Cò leis a tha an leabhar?	**Is leamsa e.**	**Is le Seamus e.**
ko läsch a ha an ljo'or	is liomsa ä	is lä Schäimes ä
wer mit-er das ist das Buch	*ist mit-ich er*	*ist mit James er*
Wem gehört das Buch?	Es gehört mir.	Es gehört James.

Müssen, Möchten, Können, Dürfen, Sollen

Die deutschen Modalverben „sollen, dürfen, können, wollen, müssen“ werden im Schottisch-Gälischen mit Hilfe feststehender Ausdrücke gebildet.

feumaidh + pers. Fürwort + Tätigkeitshauptwort — **müssen, benötigen**

Feumaidh mi falbh.
feemi mi fallaw
müssen ich Weggehen
Ich muss gehen.

Feumaidh mi airgead.
feemi mi ä[th]eget
benötigen-werden ich Geld
Ich brauche Geld.

Am feum thu falbh?
am feem u fallaw
FP müssen du Weggehen
Musst du gehen?

Feumaidh.
feemi
muss
Ja.

Chan fheum.
chan eem
nicht° muss
Nein.

bu toil le + Person + Satzergänzung — **möchten**

Bu toil le Seòras botal uisge-beatha.
bu toll le Schooras bochtall üschke-bäha
wäre Wunsch mit Seòras Flasche Wasser-Leben
George möchte eine Flasche Whisky.

is urrainn do + pers. Fürwort(verschmelzung)/ Person (leniert) + Tätigkeitshauptwort — **können (erlernte Fähigkeit)**

'S urrainn dhomh snàmh.
ssurrinn gho snaaw
ist Fähigk. zu-ich Schwimmen
Ich kann schwimmen.

An urrainn dhut dannsa?
an urrinn ghut daunssa
FP-ist Fähigk. zu-du Tanzen
Kannst du tanzen?

'S urrainn do Thòmas a' phìob a chluich.
ssurrinn do Hoomas a fiip a chluich
ist Fähigkeit zu° Tom die° Dudelsack zu° Spielen
Thomas kann Dudelsack spielen.

können (in der Lage sein/Möglichkeit) Hier werden die Zukunftsformen des Verbs benutzt. Die Zukunft drückt im Gälischen u. a. die Möglichkeit einer Handlung aus.

Am faigh mi bracaist a-nis?
am fai mi brachkischt a-nisch
FP bekommen-werden ich Frühstück jetzt
Kann ich jetzt Frühstück bekommen?

dürfen

faodaidh + Person + Tätigkeitshauptwort

Faodaidh e òl.	**Chan fhaod e ithe.**
füoti ä ool	chan üot ä iche
dürfen-werden er Trinken	*nicht° dürfen-werden er Essen*
Er darf trinken.	Er darf nicht essen.

Am faod mi coimhead air an telebhisean?
am füot mi koijet äth an telewischän
FP dürfen-werden ich Schauen auf den^{3}° Fernseher^{3}
Darf ich Fernsehen gucken?

Faodaidh.	**Chan fhaod.**
füoti	chan üot
dürfen-werden	*nicht° dürfen-werden*
Ja.	Nein.

sollen

bu chòir do + pers. Fürwort(verschmelzung)/ Person (leniert) + Tätigkeitshauptwort

Bu chòir do Mhàiri an leabhar a cheannachd.
bu choor do Waathi an ljo'or a cheannachk
wäre recht zu° Màiri das Buch zu° Kaufen
Mary sollte das Buch kaufen.

Fragen mit Fragewörtern

Wie auch im Deutschen kann man im Schottisch-Gälischen zwei Sorten Fragen unterscheiden:

Die **Entscheidungsfragen,** auf die man mit Nein und Ja antwortet, werden in den Kapiteln, die das Verb betreffen, erklärt, da man mit den jeweiligen Verbformen antworten muss.

Ergänzungsfragen werden immer durch ein Fragewort eingeleitet („wieso, weshalb, warum ..."). Im Gälischen fangen fast alle Fragewörter mit **c-** an. Der Fragesatz besteht fast immer aus einem Hauptsatz und einem Nebensatz, der durch das relative Fürwort **a** (welche/r/s), das vor dem Verb steht, verbunden wird. Oft wird das **a** in der Frage gar nicht gesprochen und auch nicht geschrieben. In allen Fragewörtern lauert wieder das Verb **is** (sein). Die Fragewörter sind zwar aus mehreren Wörtern entstanden, aber mittlerweile so verschmolzen, dass man sie besser als Ganzes lernt. In der folgenden Übersicht steht eine vollständige Wort-für-Wort-Übersetzung, die in den Beispielsätzen aber vereinfacht wird.

Kleiner Hinweis zur Aussprache: Obwohl das Fragewort **cò** *und auch* **cò às** *mit Akzent geschrieben werden, werden sie kurz ausgesprochen. In weiterführender Literatur findet man auch die Begründung.*

cò	ko	*wer*	wer (ist jemand)?
cò a	ko a	*wer-ist welcher*	wer (tut etwas)?
cò aig a	ko äk a	*wer-ist bei welcher*	wer (hat etwas)?
cò leis a	ko läsch a	*wer-ist mit-er welcher*	wem (gehört etwas)?
cò às a	ko ass a	*was-ist aus welcher*	woher?
cuine a	kuin a	*was-ist-Zeit welche*	wann?
ciamar a	kimmer a	*was-wie welcher*	wie?
carson a	kar ssonn a	*was-zum-Wohle welcher*	warum?
cia mheud a	ki wiat a	*was-ist Menge welcher*	wie viel? (+ Ez)
càite a	kaatsch a	*was-ist-Ort welcher*	wo?, wohin?
dè cho fad 's a	dschee cho fats a	*was so lange und welcher*	wie lange?
dè a	dschee a	*was-ist welcher*	was?

Fragen mit Fragewörtern

Cò thusa?
ko ussa
wer du
Wer bist du?

Is mise Crìsdean.
is mische Kriischdschen
ist ich Crìsdean
Ich bin Christoph.

Cò (a) rinn sinn?
ko (a) reinn schinn
wer (welcher) tat jenes
Wer hat das getan?

Rinn Susaidh e.
reinn Ssussi ä
tat Susi es
Susi hat das getan.

Cò aig a tha an càr?
ko äk a ha an kaar
wer bei (-) ist das Auto
Wer hat das Auto?

Tha e aig mo charaid.
ha ä äk mo charidsch
ist er bei mein ° Freund[3]
Mein Freund hat es.

Cò leis a tha am bàta?
ko läsch a ha am baata
wer mit (-) ist das Boot
Wem gehört das Boot?

Is leamsa / le Màiri e.
is liomssa / lä Maathi ä
ist mit-ich/mit Màiri er
Es gehört mir/Mary.

Cò às a tha sibh?
ko ass a ha schiiw
wer aus (-) ist ihr
Woher kommt Ihr/Sie?

Tha mi às a' Ghearmailt.
ha mi ass a Jerremaltsch
ist ich aus die[3]*° Deutschl.*[3]
Ich bin aus Deutschland.

Càite a bheil thu a' fuireach?
kaatsch a wäil u a futhach
wo (-) ist du bei Wohnen
Wo wohnst du?

Tha mi a' fuireach ann an ...
ha mi a futhach aun an ...
ist ich bei Wohnen in (-) ...
Ich wohne in ...

Ciamar a tha thu?
kimmer a ha u
wie (-) ist du
Wie geht es dir?

Tha mi glè mhath.
ha mi glee wa
ist ich sehr° gut
Mir geht es sehr gut.

Achtung: Bei allen Fragen folgt auf die Relativpartikel **a** *die Aussageform des Verbs. Einzige Ausnahme ist* **càite a** kaatsch a *(wo). Hier folgt die abhängige Form! Nach allen Fragewörtern, auf die die Relativpartikel* **a** *folgt, steht das relative Futur. Einzige Ausnahme ist wieder* **càite a** kaatsch a *(wo)!*

Cuine a bhios tu aig an taigh?
kuin a wias tu äk an tai
wann (-) werden-sein du bei das[3]° Haus[3]
Wann wirst du zu Hause sein?

Bidh mi ann aig còig uairean.
bii mi aun äk kooik ua[th]en
werden-sein ich in bei fünf Stunden
Ich werde um 5 Uhr da sein.

Dè cho fad 's a tha e gu Loch Baghasdal?
dschee cho fats a ha ä gu Loch Ba'asdal
was so lange und welche ist es nach Lochb. (-)
Wie weit ist es nach Lochboisdale?

Tha e ceithir mìle gu Loch Baghasdal.
ha ä kehi[th] miile gu Loch Ba'asdal
ist es vier Meilen nach Lochboisdale (-)
Es sind vier Meilen bis nach Lochb.

Dè a tha thu a' dèanamh a-nochd?
dschee ha u a dscheeanaw a-nochk
was (-) ist du bei Machen heute-Abend
Was machst du heute Nacht?

Tha mi a' dol a-mach.
ha mi a doll a-mach
ist ich bei Gehen nach-draußen
Ich gehe aus.

Cuine a bhios tu anns an taigh-òsda?
kuin a wias tu auns an tai-oosta
wann (-) sein-werden du in dem[3]°
Haus-Gast[3]
Wann wirst du in der Kneipe sein?

Jetzt müssen Sie aufpassen: Nach **cia mheud** ki wiat (wie viel) steht das Hauptwort immer in der Einzahl!

Cia mheud leabhar a cheannaich thu?
ki wiat ljo'or a cheannich u
was Menge Buch welche kaufte du
Wie viele Bücher hast du gekauft?

Cheannaich mi trì.
cheannich mi trii
kaufte ich drei
Drei.

Bindewörter

Viele Bindewörter werden wie im Deutschen benutzt, wie zum Beispiel die folgenden. Sie verbinden zwei Aussagesätze.

Bindewörter + Aussageform

agus/is	ages/is	und	**ach**	ach	aber
no	no	oder	**oir**	ooth	weil

An toil leat tì no cofaidh?
an toll lät tii no koffi
ist Wunsch mit-du Tee oder Kaffee
Willst du Tee oder Kaffee?

Cha robh mi a' coiseachd oir bha i fuar.
cha roo mi a koschachk ooth bha i fuar
nicht° war ich bei Wandern weil war es kalt
Ich war nicht wandern, weil es kalt war.

Bindewörter + Abhängige Form

Diese Bindewörter verlangen, dass der nachfolgende Nebensatz mit der abhängigen Form des Verbs beginnt.

gu/gun/gum	gu/gun/gum	dass
nach	nach	dass nicht
air sgàth 's gu/gum	äth skaas gu/gum	weil
air sgàth 's nach	äth skaas nach	weil nicht

Tha mi cinnteach gum bi mi a' tilleadh do dh' Alba.
ha mi kiintschach gum bi mi a' tschiljak do Ghallepa
ist ich sicher dass wird-sein ich bei Zurückkehren zu° (-) Schottland
Ich bin sicher, dass ich nach Schottland zurückkehren werde.

Die folgenden Bindewörter stehen immer mit dem relativen Fürwort **a**. Danach folgt die Aussageform des Verbs. In der Zukunft muss die Form des relativen Futurs benutzt werden.

ged a	get a	obwohl
nuair a	nua[th] a	als
cho luath's a	cho luas a	sobald

Bindewörter + „a" + Aussageform

Nuair a bha mi ann an Uibhist bha mi ag ionnsachadh Gàidhlig.
nua[th] a wa mi aun an Uischt wa mi ak iunsachagh Gaalik
als (-) war ich in Uist war ich bei Lernen Gälisch
Als ich in Uist war, lernte ich Gälisch.

Haggis ist eine Art Pastete, bestehend aus Schafsinnereien, Hafermehl und Gewürzen, die in einem Schafsmagen gekocht werden – sozusagen eine Art schottischer Saumagen – und kann sehr lecker sein.

Werden Bindewörter mit dem relativen Fürwort **a** in der Zukunft benutzt, folgt anschließend das relative Futur.

Ged a dh' itheas mi taigeis, chan fhàs mi tiugh.
get a ghiches mi tagesch, chan aas mi tschiu
obwohl (-) (-) essen-werde ich Haggis, nicht° wachsen-werden ich dick
Obwohl ich Haggis esse, werde ich nicht dick.

Bindewörter + das Verb is

Mit den Bindewörtern **gu** (dass) und **nach** (dass nicht) verschmilzt das Verb **is** (sein) so, dass man davon gar nichts mehr sieht:

gu (dass)	**+ is** (ist)	**= gur** (dass-ist)
nach (dass-nicht)	**+ is** (ist)	**= nach** (dass-nicht-ist)

Tha fios agam gur toil leat bradan.
ha fiss akam gur toll lät brattan
ist Wissen bei-mir dass-ist Wunsch mit-dir Lachs
Ich weiß, dass du Lachs magst.

Thuirt e nach e sin an rathad ceart.
hurscht ä nach ä schinn an ra'at kearscht
sagte er dass-nicht-ist jenes die Straße richtig
Er sagte, dass dies nicht die richtige Straße sei.

Zahlen & Zählen

Versuchen Sie nicht, auf Gälisch eine Summe von z. B. 167,35 Pfund in einem Laden zu zahlen und dann das Rückgeld auf Gälisch nachzuzählen! Die Schlange hinter Ihnen wird Ihre Bemühungen sicherlich nicht angemessen würdigen!

Auch bei den Zahlen haben Sie keine Chance, sich zurückzulehnen, denn hier wird's nochmal richtig kniffelig. Traditionellerweise zählte und zählt man bis heute in Zwanzigern (ähnlich wie im Französischen). Daneben wurde für die Schule das Zehnersystem eingeführt, welches aber außerhalb der Schule kaum Verbreitung gefunden hat. Oft finden Gälen ihre eigenen Zahlen so kompliziert, dass sie einfach die englischen benutzen! Das können Sie im Zweifelsfalle auch tun.

Grundzahlen

Grundzahlen
Die Grundzahlen (ohne Hauptwort) benutzt man, wenn man z. B. seine Telefonnummer mitteilen möchte.

Je nachdem, wozu man die Zahlen braucht, benutzt man unterschiedliche „Systeme":

Das **a** oder **a h-** in den Zahlwörtern hat keinerlei grammatische Bedeutung, sondern vereinfacht lediglich die Aussprache. Von 11-19 wird der Grundzahl **deug** dschiak (ähnlich engl. „-teen") nachgestellt. Achtung: **dà** daa (zwei) leniert hier und wird selber durch das vorangestellte **a** leniert.

0	**neoni**	njonni			
1	**a h-aon**	a hüon	11	**a h-aon deug**	a hüon dschiak
2	**a dhà**	a ghaa	12	**a dhà dheug**	a ghaa jiak
3	**a trì**	a trii	13	**a trì deug**	a trii dschiak
4	**a ceithir**	a kehi[th]	14	**a ceithir deug**	a kehi[th] dschiak
5	**a còig**	a kooik	15	**a còig deug**	a kooik dschiak
6	**a sia**	a schia	16	**a sia deug**	a schia dschiak
7	**a seachd**	a scheachk	17	**a seachd deug**	a scheachk dschiak
8	**a h-ochd**	a hochk	18	**a h-ochd deug**	a hochk dschiak
9	**a naoi**	a nüoi	19	**a naoi deug**	a nüoi dschiak
10	**a deich**	a dschäich	20	**fichead**	fichet

Das Zahlwort **aon** (1) leniert das folgende Hauptwort außer **d, t** und **s**. **Dà** (2) leniert das folgende Hauptwort (soweit möglich), das (man beachte!) in der Einzahl stehen bleibt! Von **trì** (3) bis **deich** (10) steht das gezählte Hauptwort in der Mehrzahl. Um zu verdeutlichen, wie das Hauptwort sich verändert und wo es stehen muss, werden hier Boote gezählt.

Gegenstände zählen

Die „Boote" sind in grauer Schrift gesetzt, um sie bequem austauschen zu können. Das wäre doch mal eine schöne Übung zum Einschlafen!

aon bhàta *eins° Boot*	üon waata	**1**
dà bhàta *zwei° Boot*	daa waata	**2**
trì bàtaichean *drei Boote*	trii baatichen	**3**
ceithir bàtaichean	kehi^th baatichen	**4**
còig bàtaichean	kooik baatichen	**5**
sia bàtaichean	schia baatichen	**6**
seachd bàtaichean	schächk baatichen	**7**
ochd bàtaichean	ochk baatichen	**8**
naoi bàtaichean	nüoi baatichen	**9**
deich bàtaichean	dschäich baatichen	**10**

aon bhàta **deug** *eins° Boot zehn*	üon waata dschiak	**11**
dà bhàta **dheug** *zwei° Boot zehn*	daa waata jiak	**12**
trì bàtaichean **deug** *drei Boote zehn*	trii baatichen dschiak	**13**
ceithir bàtaichean **deug**	kehi^th baatichen dschiak	**14**
còig bàtaichean **deug**	kooik baatichen dschiak	**15**
sia bàtaichean **deug**	schia baatichen dschiak	**16**
seachd bàtaichean **deug**	scheachk baatichen dschiak	**17**
ochd bàtaichean **deug**	ochk baatichen dschiak	**18**
naoi bàtaichean **deug**	nüoi baatichen dschiak	**19**
fichead bàta *zwanzig Boot*	fichet baata	**20**

21	**aon** bhàta **air fhichead** *eins° Boot auf° zwanzig*	öun waata äth ichet
22	**dà** bhàta **air fhichead** *zwei° Boot auf° zwanzig*	daa waata äth ichet
23 *(usw. bis 29)*	**trì** bàtaichean **air fhichead** *drei Boote auf° zwanzig*	trii baatichen äth ichet
30	**deich** bàtaichean **air fhichead** *zehn Boote auf° zwanzig*	dschäich baatichen äth ichet
31	**aon** bhàta **deug air fhichead** *eins° Boot zehn auf° zwanzig*	üon waata dschiak äth ichet
32	**dà** bhàta **dheug air fhichead** *zwei° Boot zehn auf° zwanzig*	daa waata jiak äth ichet
33 *(usw. bis 39)*	**trì** bàtaichean **deug air fhichead** *drei Boote zehn auf° zwanzig*	trii baatichen dschiak äth ichet

Ab 40 ändert sich das Muster: *„2 x 20 Boot"* sind 40 Boote. *„2 x 20 Boot und 1"* sind 41 Boote. Alle Hauptwörter stehen ab jetzt in der Einzahl und werden nie mehr leniert!

40	**dà fhichead** bàta *zwei° zwanzig Boot*	daa ichet baata
41	**dà fhichead** bàta **'s a h-aon** *zwei° zwanzig Boot und (-) eins°*	daa ichet ... ssa hüon
42	**dà fhichead** bàta **'s a dhà** *zwei° zwanzig Boot und (-) zwei°*	daa ichet baata ssa gha
43	**dà fhichead** bàta **'s a trì** *zwei° zwanzig Boot und (-) drei*	daa ichet baata ssa trii
44	**dà fhichead** bàta **'s a ceithir** *zwei° zwanzig Boot und (-) vier*	daa ichet baata ssa kehith
45	**dà fhichead** bàta **'s a còig** *zwei° zwanzig Boot und (-) fünf*	daa ichet baata ssa kooik
46	**dà fhichead** bàta **'s a sia** *zwei° zwanzig Boot und (-) sechs*	daa ichet baata ssa schia

dà fhichead bàta 's a seachd *zwei° zwanzig Boot und (-) sieben*	daa ichet baata ssa scheachk	**47**
dà fhichead bàta 's a h-ochd *zwei° zwanzig Boot und (-) acht*	daa ichet baata ssa hochk	**48**
dà fhichead bàta 's a naoi *zwei° zwanzig Boot und (-) neun*	daa ichet baata ssa nüoi	**49**

dà fhichead bàta 's a deich *zwei° zwanzig Boot und (-) zehn*	daa ichet baata ssa dschäich	**50**
dà fhichead bàta 's a h-aon deug *zwei° zwanzig Boot und (-) ein zehn*	daa ichet baata ssa hüon dschiak	**51**
dà fhichead bàta 's a dhà dheug *zwei° zwanzig Boot und (-) zwei° zehn*	daa ichet baata ssa gha jiak	**52**
dà fhichead bàta 's a trì deug *zwei° zwanzig Boot und (-) drei zehn*	daa ichet baata ssa trii dschiak	**53**
trì fichead bàta *drei zwanzig Boot*	trii fichet baata	**60**
trì fichead bàta 's a h-aon *drei zwanzig Boot und (-) eins°*	trii fichet baata ssa hüon	**61**
trì fichead bàta 's a dhà *drei zwanzig Boot und (-) zwei°*	trii fichet baata ssa gha	**62**
trì fichead bàta 's a trì *drei zwanzig Boot und (-) drei*	lechet baata ssa trii	**63**
trì fichead 's a deich bàta *drei zwanzig und (-) zehn Boot*	trii fichet baata ssa dschäich	**70**
trì fichead bàta 's a h-aon deug *drei zwanzig Boot und (-) ein zehn*	trii fichet baata ssa hüon dschiak	**71**
ceithir fichead bàta *vier zwanzig Boot*	kehi^th^ fichet baata	**80**
ceithir fichead bàta 's a deich *vier zwanzig Boot und (-) zehn*	kehi^th^ fichet baata ssa dschäich	**90**

Auch bei den Zahlen ab 100 steht der zu zählende Gegenstand immer in der Einzahl. Bei den Zahlwörtern für 200/300/400/500 wird **ceud** leniert.

100	**ceud** bàta *hundert Boot*	kiat baata
200	**dà cheud** bàta *zwei° hundert Boot*	daa chiat baata
300	**trì cheud** bàta *drei° hundert Boot*	trii chiat baata
400	**ceithir cheud** bàta *vier° hundert Boot*	kehi[th] chiat baata
1000	**mìle** bàta *tausend Boot*	miile baata
2000	**dà mhìle** bàta *zwei° tausend Boot*	daa wiile baata
3000	**trì mìle** bàta *drei tausend Boot*	trii miile baata
1 Mio.	**millean** bàta *Million Boot*	milljen baata

Personen zählen Wenn man eine Anzahl von Personen benennen möchte, muss man teilweise anders vorgehen. 1-10 Personen können im Schottisch-Gälischen nicht mit den Grundzahlen gezählt werden. Der Gäle begreift diese Menschen als eine zu zählende Gruppe. Das klingt übersetzt etwa wie „zweie der Männer" etc. Ab 11 werden dann wieder die Grundzahlen benutzt.

Nach diesen Personenzahlwörtern steht immer der 2. Fall Mehrzahl, und der wird leniert.

aonan	üonan	Eine/r (alleine)
dithis	dschi'isch	Zwei
triùir	truur	Drei
ceathrar	kerar	Vier
còignear	kooignar	Fünf
sianar	schianar	Sechs
seachdnar	scheachknar	Sieben
ochdnar	ochknar	Acht
naoinear	nöuinar	Neun
deichnar	dschäichnar	Zehn

Bha dithis anns an taigh-seinnse.
wa dschi'isch auns an tai-schäinnsche
waren Zwei in dem[3] ° Haus-Kneipe[3]
Es waren zwei in der Kneipe.

Bha triùir chloinne an-seo.
wa truur chloinnje an-scho
waren Drei Kinder[2] hier
Es waren drei Kinder hier.

Seit einigen Jahren lernen Kinder in der Schule die Zahlen im Dezimalsystem. Das sieht auch einfach aus, hat aber einen Nachteil: Fast niemand außerhalb der Schule benutzt sie, weswegen wir hier auch auf sie verzichten.

Ordnungszahlen

Mit den Ordnungszahlen zählt man Gegenstände und Personen, d. h. hier wird kein Unterschied wie bei den Grundzahlen gemacht.

Um die Ordnungszahlen zu bilden, benutzt man die leicht veränderten Grundzahlen und hängt die Endung **-amh**/**-eamh** an. Eine Ausnahme bilden die Ordnungszahlen 1.-3. Darüber hinaus wird den Ordnungszahlen der Artikel **an** vorangestellt. Ausnahme sind „der erste" – hier wird leniert, und der Artikel lautet **a'** – sowie die Zahlwörter, die mit einem Selbstlaut beginnen – hier lautet der Artikel **an t-**. Beginnen die Zahlwörter mit **p, b, f** oder **m**, lautet der Artikel **am**. Das zugehörige Hauptwort steht immer in der Einzahl!

a' chiad fhear *der erste ° Mann*	a chiad är	der 1. Mann
an dàrna fear *der zweite Mann*	an daarna fär	der 2. Mann
an treas fear *der dritte Mann*	an tress fär	der 3. Mann
an ceathramh fear *der vierte*	an kärew fär	der 4. Mann

*Als Beispiel muss hier der „Mann" (**fear** fär) herhalten. Für „der/die 2." kann man auch* **an dara** *hören.*

der 5. Mann	**an còigeamh** fear	an kooigew fär
der 6. Mann	**an siathamh** fear	an si'ew fär
der 7. Mann	**an seachdamh** fear	an seachkew fär
der 8. Mann	**an t-ochdamh** fear	an tochkew fär
der 9. Mann	**an naoidheamh** fear	an nöui'ew fär
der 10. Mann	**an deicheamh** fear	an dschäichew fär

der 11. Mann	**an t-aona** fear **deug** *der erste Mann zehn*	an tüona fär dschiak
der 12. Mann	**an dàrna** fear **deug** *der zweite Mann zehn*	an daarna fär dschiak
der 20. Mann	**am ficheadamh** fear *der zwanzigste Mann*	am fichedaw fär
der 21. Mann	**an t-aona** fear **fichead** *der erste Mann zwanzig*	an tüona fär fichet
der 40. Mann	**an dà fhicheadamh** fear *der zwei° zwanzigste Mann*	an daa icheadaw fär
der 41. Mann	**an dà fhicheadamh** fear **'s a h-aon** *der zwei° zwanzigste Mann und (-) eins*	an daa ichedaw fär ssa hüon

Zeit & Datum

Im Schottisch-Gälischen wird der Tag in zweimal zwölf Stunden eingeteilt. Eine Uhrzeit wie 23 Uhr wird im Gälischen mit „11 Uhr abends“ formuliert. Es wird zwischen **'sa mhadainn** ssa wattin (morgens), abgekürzt **m,** bis 12 Uhr mittags und **feasgar** fäsker (abends), abgekürzt **f,** unterschieden. Dies entspricht dem im Englischen gebrauchten Zusatz „am“ (latein. „ante meridiem“) und „pm“ (latein. „post meridiem“).

Dè an uair a tha e?
dschee an ua^th a ha ä
was die Stunde welche ist es
Wie spät ist es?

Tha e uair.
ha ä ua^th
ist es Stunde
Es ist ein Uhr.

Tha e dà uair.
ha ä daa ua^th
ist es zwei° Stunde
Es ist zwei Uhr.

Tha e trì uairean.
ha ä trii ua^then
ist es drei Stunden
Es ist drei Uhr.

Das geht so weiter bis 10 Uhr. Aber dann kommt:

Tha e aon uair deug.
ha ä üon ua^th dschiak
ist es eins° Stunde zehn
Es ist elf Uhr.

Tha e dà uair dheug.
ha ä daa ua^th jiak
ist es zwei° Stunde zehn
Es ist zwölf Uhr.

Vorsicht bei 12 Uhr: Das Zahlwort **dà** *(zwei) leniert, wie wir bereits wissen. Deswegen muss es* **dà ... dheug** *heißen.*

cairteal an dèidh	karschtschel an dschäi	Viertel nach
viertel nach (-)		
cairteal gu	karschtschel gu	Viertel vor
viertel auf(-etwas-zu)		

Tha e cairteal an dèidh ceithir uairean feasgar.
ha ä karschtschel an dschäi kehi^th ua^then fäsker
ist es viertel nach (-) vier Stunden Abend
Es ist 16 Uhr 15.

leth uair an dèidh	**Tha e leth uair an dèidh aon uair deug.**
lä ua^th an dschäi	ha ä lä ua^th an dschäi üon ua^th dschiak
halb Stunde nach (-)	*ist es halb Stunde nach (-) eins Stunde zehn*
halb ...	Es ist halb zwölf.

mionaid	minadsch	Minute
mionaidean	minadschen	Minuten

Tha am bus a' falbh aig còig mionaidean gu sia.
ha am bass a fallaw äk kooik minadschen gu schia
ist der Bus bei-Weggehen bei fünf Minuten auf sechs
Der Bus fährt um fünf vor sechs.

Halbe Stunden werden zur vollen Stunde dazugezählt.

Bidh e ann an Glaschu aig deich mionaidean an dèidh aon uair deug.
bii ä aun an Glassechu äk dschäich minadschen an dschäi üon ua[th] dschiak
sein-werden er in Glasgow bei zehn Minuten nach (-) eins° Stunde zehn
Er wird um zehn nach elf in Glasgow sein.

Tha e meadhan-latha.
ha ä me'an-la'a
ist es Mitte-Tag
Es ist Mittag.

Tha e meadhan-oidhche.
ha ä me'an-oiche
ist es Mitte-Nacht
Es ist Mitternacht.

allgemeine Zeitangaben

Die allgemeinen Zeitangaben können Sie als feste Ausdrücke an den Anfang oder das Ende eines Satzes stellen.

Bidh cèilidh ann an ath h-oidhche.
bii keeli aun an a hoiche
sein-werden Fest in die nächste° Nacht
Morgen Abend gibt es ein „Cèilidh".

Bidh mi a' tadhal air na h-eileanan airson mìos.
bii mi a ta'al äth na hällanen ärsson miios
sein-werden ich bei Bereisen auf die Inseln zum-Wohle-von Monat
Ich werde die Inseln für einen Monat bereisen.

latha (m)	la'a	Tag
seachdain (w)	scheachkin	Woche
deireadh-seachdaine (m) *Ende-Woche*	dscheeragh-scheachkinje	Wochenende
mìos (w)	miios	Monat
bliadhna (w)	bliana	Jahr
linn (m)	liin	Jahrhundert

an-dràsda	an-draasta	im Moment
an-diugh	an-dschiu	heute
an-dè	an-dschee	gestern
a bhòn-dè	a won-dschee	vorgestern
a-màireach	a-maathach	morgen
an-earar	an-ärer	übermorgen
a bhòn-raoir	a won-röueth	vorgestern Abend
an-raoir	a-röueth	gestern Abend
an ath h-oidhche *die nächste Nacht*	an a hoiche	morgen Abend/ Nacht
an treas oidhche *die dritte Nacht*	an tress oiche	übermorgen Nacht
fad an latha *Länge des^2 Tages^2*	fatt an la'a	den ganzen Tag
am bliadhna	am bliana	dieses Jahr
an uiridh	a nuthi	letztes Jahr
an ath-bhliadhna *das nächste °-Jahr*	an a-wliana	nächstes Jahr
an t-seachdain seo *die° Woche dies*	an tscheachkin scho	diese Woche
an t-seachdain sa chaidh *die° Woche dies ging*	an tscheachkin ssa chai	letzte Woche
an ath-sheachdain *die nächste °-Woche*	an a-heachkin	nächste Woche
nise, a-nis	nische, a-nisch	jetzt
an uair sin *in Stunde jene*	an urschinn	dann
riamh	riaw	nie (in der Vergangenheit)
gu brath	gu braach	nie (in der Zukunft)
daonnan, an comhnaidh	düonan, an gooni	immer
gu tric	gu trichk	oft
a dh' aithghearr	a ghaichjar	bald

Da es sich bei den Zeitangaben um feststehende Ausdrücke handelt, macht es meistens keinen Sinn, diese wortwörtlich zu übersetzen. Lernen Sie sie lieber als festen Begriff.

'sa/'san *sind Verschmelzungen mit dem Verhältniswort* **ann** aun *(in) und dem bestimmten Artikel.*

fhathast	ha'ast	schon
chan eil fhathast	chan jäil ha'ast	noch nicht
gu bhith	gu wi	fast
'sa mhadainn *in-dem[3]° Morgen[3]*	ssa wattin	morgens
meadhan-latha *Mitte-Tag*	me'an-la'a	mittags
'san fheasgar *in-dem[3]° Abend[3]*	ssan jäsker	abends
'san oidhche *in-der[3]° Nacht[3]*	ssan oiche	nachts

ceithir bliadhna air ais
kehith bliana äthasch
vier Jahre zurück
vor vier Jahren

o chionn tri mìosan
o chion trii miiosen
von Kopf drei Monate
seit drei Monaten

ann an cola deug
aun an kolla dschiak
in (-) vier-Tage zehn
in vierzehn Tagen

trì uairean a thìde
trii uathen a hiidsche
drei Stunden der[2]° Zeit[2]
drei Stunden lang

Wochentage

Die Bedeutung der Wochentage im Schottisch-Gälischen beruht entweder auf mythologischer oder religiöser Überlieferung. Das Wörtchen **Di** Dschi leitet sich aus dem lateinischen „dies“ (Tag) ab.

Heute werden die Wochentage oft auch in einem Wort geschrieben.

Di-Luain *Tag-(des-)Mondes*	Dschi-Luan	Montag
Di-Màirt *Tag-(des-)Mars*	Dschi-Maarscht	Dienstag
Di-Ciadain *Tag-(des-)ersten-Fastens*	Dschi-Kiadan	Mittwoch

Di-Ardaoin *Tag-zwischen-zwei-Fasten*	Dschardüon	Donnerstag
Di-Haoine *Tag-(des-)Fastens*	Dschi-Hüonje	Freitag
Di-Sathairne *Tag-(des-)Saturns*	Dschi-Ssahanje	Samstag
Di-Dòmhnaich *Tag-(des-)Herrn*	Dschi-Doonich	Sonntag

In protestantischen Gegenden heißt der Sonntag **Latha na Sàbaid** La'a na Ssaabitsch *(„Tag des Sabbats").*

Monatsnamen

Die Monatsnamen im Gälischen stehen immer mit dem bestimmten Artikel. Will man „im Januar" ausdrücken, benutzt man das Verhältniswort **anns** auns (im) und setzt den Monatsnamen samt seinem Artikel in den 3. Fall (Dativ). Achtung: Hier muss natürlich auch wieder leniert werden (außer **d**/**t**).

anns an Fhaoilteach
auns an Uiltscheach
in dem[3] ° Januar[3]
im Januar

anns an Dàmhair
auns an Daaweth
in dem[3] ° Oktober[3]
im Oktober

am Faoilteach	am Fuiltscheach	Januar
an Gearran	an Gerran	Februar
am Màirt	am Maarscht	März
an Giblean	an Giblan	April
an Cèitean	an Keetschan	Mai
an t-Ògmhios	an Toogwios	Juni
an t-Luchar	an Tschiuchar	Juli
an Lunasdal	an Lunasdal	August
an t-Sultain	an Tultin	September
an Dàmhair	an Daaweth	Oktober
an t-Samhain	an Tauin	November
an Dùbhlachd	an Duulachk	Dezember

Ursprünglich basierten die gälischen Monatsnamen auf jahreszeitlichen Wetterlagen und bestimmten landwirtschaftlichen Jahresabschnitten, die nicht immer mit unserer Monatseinteilung übereinstimmten. Daher wurde eine bestimmte Jahreszeit erst mit ihrem Namen benannt, wenn auch das dazu passende Wetter eingetroffen war. Heute entsprechen sie den zwölf Monaten des Jahres.

Festtage

saor-làithean ssüorla'en	Ferien
A' Bhliadhna Ùr A Wliana Uur	Neujahr
Là na Bliadhna Ùire Laa na Blia'na Uire	Neujahrstag
An Carghas An Karreghes	Fastenzeit
Di-Haoine Ceusda Dschi-Hüonje Keasta	Karfeitag
A' Chàisg A Chaaschk	Ostern
aig àm na Càisge äk aam na Kaaschke	zur Osterzeit
ugh na Càisge u na Kaaschke	Osterei
A' Changais A Changisch	Pfingsten
Là Bealltainn Laa Bjealtin	keltischer Sommer- anfang (30.4/1.5.)
Oidhche Shamhna Oiche Hauna	kelt. Winteranfang/ Neujahr (31.10/1.11.)
Nollaig Nollek	Weihnachten
Là Nollaige Laa Nolleke	Weihnachtstag
aig àm na Nollaige äk aam na Nolleke	zur Weihnachtszeit
Oidhche Challain Oiche Challen	Hogmanay/Silvester
Fèill Anndrais Feell Aundrisch	St. Andreas Tag (30.11.)

Jahreszeiten

an geamhradh (m)	an geauregh	der Winter
'sa gheamhradh	ssa jauregh	im Winter
an t-earrach (m)	an tschärrach	der Frühling
as t-earrach	ass tschärrach	im Frühling
an samhradh (m)	an ssauregh	der Sommer
as t-samhradh	ass tauregh	im Sommer
am foghar (m)	am fo'er	der Herbst
as t-fhoghar	ass to'er	im Herbst

Datum

Di-Sathairne an ceathramh latha am Faoilteach
Dschi-Ssahanje an keraw la'a am Fuiltscheach
Tag-(des-)Saturn der vierte Tag der Januar
Samstag, der 4. Januar

Datumsangaben bildet man mit den Ordnungszahlen, z. B. „der 4. Tag der Januar".

Wäre dieser Kauderwelsch-Band vor der Jahrtausendwende erschienen, hätten Sie auch noch sehr schöne Jahreszahlen lernen können. Aber glücklicherweise sind wir im 21. Jahrhundert angelangt.

naoi ceud deug ceithir fichead 's a h-ochd deug
nöui kiad dschiak kehith fichets a hochk dschiak
neun hundert zehn vier zwanzig und (-) acht zehn
1998

dà mhìle	**dà mhìle 's a còig**
daa wiile	daa wiiles a kooik
zwei tausend	*zwei tausend und fünf*
2000	2005

anns a' bhliadhna dà mhìle 's a ceithir
auns a wliana daa wiiles a kehith
in dem[3]° Jahr[3] zwei tausend und (-) vier
im Jahre 2004

Isle
Pipe
The Gaelic
Eilean Te Bheag
Sgiathana

Kurz-Knigge

Die Schotten lieben ihr Land und gehen selbstverständlich davon aus, dass Besucher dies ebenso tun. Die grandiose Landschaft und die Herzlichkeit der Bewohner machen dies allerdings auch sehr einfach. Sollten Sie sich die Mühe machen, Gälisch zu lernen und zu sprechen, öffnet sich Ihnen die Tür zu einer alten und faszinierenden Kultur. Zeigen Sie Interesse, ohne die Einheimischen zu überfordern. Zu oft sind in den vergangenen Jahrhunderten Besatzer oder Kolonisten über die gälischsprachige Bevölkerung hereingebrochen und haben ihr versucht beizubringen, was gut und richtig ist bzw. was sie tun und lassen sollten. Als Tourist werden Sie mit wohlwollender Neugier, aber auch mit freundlicher Distanz konfrontiert.

Schottland unterscheidet sich in vielem von seinem englischen Nachbarn und legt auch großen Wert darauf. Es hat ein eigenes Rechts- und Erziehungssystem und ist ein dreisprachiges Land. Neben Englisch und Gälisch wird im Osten des Landes auch noch das dem Englischen und Deutschen verwandte Scots gesprochen.

Schottland ist ein **sicheres Reiseland.** Im Hochland und auf den Inseln werden oft die Haustüren nicht abgeschlossen, weil Kriminalität so gut wie unbekannt ist. In den Großstädten gibt es ähnlich wie bei uns Gegenden, wo man sein Laptop nicht unbedingt auf den Autorücksitz liegen lassen sollte. Aber dies sind auch nicht unbedingt die touristisch interessanten Ecken.

Der Besuch einer gälischen Messe, gleich welcher Konfession, ist empfehlenswert. In freikirchlichen Gottesdiensten werden wunderschöne Choräle gesungen, und in katholischen Messen ertönen ebenfalls hörenswerte Kirchenlieder. Sie werden nach der Messe bestimmt Gelegenheit haben, Ihr Gälisch auszuprobieren.

Religiöse Unterschiede können in Schottland sehr stark sein. Schottland ist größtenteils protestantisch, nur in einigen westlichen Gebieten und Inseln hat der Katholizismus die Reformation überstanden. Auf den Hebrideninseln und Skye ist **an Eaglais Shaor** an Äklisch Hüor (die Freikirche) sehr stark vertreten. Da dann am Sonntag jegliche irdische Betätigung ruht, finden Sie auf Lewis oder Harris am Sonntag kein offenes Geschäft, alle Tankstellen sind zu und eine Fähre fährt auch nicht. Wandern, Fischen und ähnliche Freizeitaktivitäten werden sonntags nicht gerne gesehen. Respektieren Sie bitte diese Sonntagsruhe. Auch wenn die Diskussion darüber teilweise erbittert geführt wird, sollten Sie sich höflich einer Meinung enthalten. Die Bevölkerung gibt sich dem ausführlichen Bibelstudium hin und besucht mehrmals am Tag die Kirche.

Wenn Sie zum **Wandern** nach Schottland kommen, können Sie grundsätzlich immer querfeldein wandern, da das Recht des freien Weges gilt. Eingezäunte Grundstücke lassen sich meistens durch ein Gatter betreten, welches hinterher unbedingt wieder geschlossen werden sollte. Im Zweifelsfalle fragen Sie die Einheimischen nach dem richtigen Weg.

Besonders im Westen und Norden in den einsamen Gegenden gibt es lediglich **einspuri-**

ge Straßen. Sie sind ungefähr so breit wie unsere Feldwege, und alle Autos fahren in der Mitte. Ca. alle 300 Meter sind Ausweichstellen angelegt, so genannte *Passing Places*. Wer einer solchen Stelle am nächsten kommt, hält sich links und lässt den Gegenverkehr passieren. Die aneinander vorbeifahrenden Autofahrer grüßen sich dabei zum Dankeschön. Auch ist es üblich, schnelleren Fahrzeugen das Überholen an den Passing Places zu ermöglichen. Sollten Sie das Schild *Unsuitable for Caravans* sehen, dann ist das auch so. Sie bleiben mit Ihrem Wohnmobil an der nächsten Kurve hängen oder setzen auf. Und dann können Sie sich auch noch den Spott der *locals* anhören.

Oft laufen **Schafe** im Hochland frei herum und liegen oder stehen auf der Straße. Fahren Sie langsam auf die Tiere zu und rechnen Sie keinesfalls damit, dass Schafe rechtzeitig weglaufen, wenn Sie heranbrausen. Auch Hupen hilft überhaupt nicht. Sollten Sie ein Schaf anfahren, informieren Sie jemanden im nächsten Ort.

Auf den Inseln werden Sie **Torf** säuberlich geschichtet in der Landschaft liegen sehen. Dies ist das Heizmittel für die ansässige Bevölkerung und wurde in anstrengender Arbeit gestochen. Wenn Sie Torf als Souvenir haben möchten, fragen Sie bitte danach und nehmen Sie nicht einfach ein Stück weg.

Übrigens: Schotten sind keinesfalls geizig. Allerdings wird darauf geachtet, dass Freigiebigkeit keine einseitige Sache bleibt (s. Kap. „Im Pub/Getränke“).

Schottisch-gälische Namen & Anrede

Für viele Vornamen gibt es im Schottisch-Gälischen Entsprechungen. Einige Vornamen sind typisch schottisch und haben im Deutschen kein Äquivalent. Gälische Namen sind nach wie vor sehr beliebt, transportieren sie doch schottische Identität. Alle gälischen Vornamen haben auch eine anglisierte Entsprechung, in einer gälischen Konversation wird man allerdings immer die gälischen hören.

Anredefall

Auch ausländische Namen werden manchmal leniert. Das sieht dann ganz lustig aus, z. B. so: **A Khlaus** A Chlaus.

Der Anredefall wird gebildet, indem der erste Mitlaut des englischen Namens – wenn möglich – leniert wird. Bei männlichen Vornamen wird die letzte Silbe zusätzlich „aufgehellt", indem ein **i** nach dem letzten Selbstlaut eingefügt wird. Vor Namen, die mit einem Mitlaut beginnen, wird ein **A** gesetzt.

engl. Name	gälischer Name			Anrede	
James	**Seumas**	Scheemas	→	**A Sheumais!**	A Heemasch
Donald	**Dòmhnall**	Doonal	→	**A Dhòmhnaill!**	A Ghonail
John	**Iain**	Iain	→	**Iain!**	Iain
Charles	**Tèarlach**	Tschärlach	→	**A Thèarlaich!**	A Hjärlich
Michael	**Mìcheal**	Miichal	→	**A Mhìcheil!**	A Wiechil
Maria	**Màiri**	Maathi	→	**A Mhàiri!**	A Waathi
Marion	**Mòrag**	Moorak	→	**A Mhòrag!**	A Worak
Joan	**Seonag**	Schonak	→	**A Sheonag!**	A Hjonak
Anna	**Anna**	Anna	→	**Anna!**	Anna

Die lenierte Form von **Seumas** ist im englischsprachigen Raum zu einem Vornamen mit eigener Schreibweise geworden: „Hamish".

Nachnamen

Die Nachnamen im Gälischen drücken häufig die Herkunft oder die Zugehörigkeit zu einem Clan aus. *John MacDonald* wird im Gälischen zu **Iain MacDhòmhnaill** Iain Machkghoonil („Johannes Sohn des Donald"), *Mary MacDonald* wird zu **Màiri NicDhòmhnaill** Maathi Nichkghoonil („Maria, Tochter des Sohnes des Donald").

Es gibt auch Nachnamen ohne das typische **Mac** oder **Nic**. Aus *Peter Cameron* wird im Gälischen **Peadar Camshron** Petter Kameronn, Familiennamen, die nicht mit **Mac** oder **Nic** beginnen, werden leniert, wenn es sich um eine weibliche Namensträgerin handelt. Aus *Elisabeth Cameron* wird im Gälischen **Ealasaid Chamshron** Ealassitsch Chameronn.

In den letzten Jahren gelang es durchzusetzen, dass Namen in offiziellen Dokumenten auch auf Gälisch geschrieben werden dürfen und rechtskräftig sind. Das gilt insbesondere für Bankgeschäfte, soweit die gälische Namensform bei der Bank hinterlegt wurde.

Begrüßen & Verabschieden

Zur Begrüßung reicht man sich in Schottland nicht die Hand, sondern stellt sich gegenseitig vor. Dies schließt auch die Begleitung ein, und es wird als höflich empfunden, auch mit der Begleitung einige Worte zu wechseln.

Obwohl es im Schottisch-Gälischen Bezeichnungen für „Herr" und „Frau" gibt, wird man meistens das englische *Mister* oder *Missis* mit der gälischen Namensform hören.

Die Begrüßung und Verabschiedung funktioniert im Großen und Ganzen wie im Deutschen. Es gibt eine Anredeform zum Duzen und eine zum Siezen, nur dass im Gälischen „geeucht" wird („wie geht es euch?"). Das bedeutet, dass man die 2. Person Mehrzahl als Anrede benutzt, wenn das Gegenüber älter, unbekannt oder gesellschaftlich höher gestellt ist. Oft wird man sich bald mit Vornamen und höflicher Form anreden, bis dann irgendwann das Du ausbricht. Jemanden offiziell das „du" anzubieten, ist nicht üblich. Man muss die Situation erfassen, um nicht unhöflich zu erscheinen. Selbst wenn ein älterer oder höhergestellter Mensch Sie selbst duzen sollte, heißt das nicht, dass Sie das auch tun sollten.

Deutsche neigen dazu, bei einem Gespräch sehr schnell zur Sache zu kommen. Schotten sind da anders. Nach der Begrüßung wird man immer grundsätzlich nach dem Wohlbefinden befragt und erwartet eine höfliche Gegenfrage. Nachdem das Wetter der letzten Tage ausgiebig diskutiert wurde, nähert man sich erst dem eigentlichen Zweck des Gesprächs.

begrüßen

Madainn mhath!	**Latha math!**	**Feasgar math!**
mattin wa	la'a ma	fäsker ma
Morgen° gut	*Tag gut*	*Abend gut*
Guten Morgen!	Guten Tag!	Guten Abend!

„Guten Abend" sagt man ab ca. 17/18 Uhr!

Ciamar a tha thu/sibh?
kimmer a ha u/schiiw
wie (-) ist du/ihr
Wie geht es dir/Ihnen?

Dè mar a tha thu/sibh?
dschee mar a ha u/schiiw
was (-) (-) ist du/ihr

In Lewis wird man auch die 2. Version dieser Frage hören.

Tha mi gu math.
ha mi gu ma
ist ich U wohl
Es geht mir gut.

Ciamar a tha thu/sibh fhèin?
kimmer a ha u/schiiw heein
wie (-) ist du/ihr selbst
Wie geht es dir/Ihnen?

Chan eil dona. **Tha i brèagha an-diugh, nach eil?**
chan jäil donna ha i bri'a an dschiu, nach äil
nicht° ist schlecht ist sie schön heute, nicht° ist
Nicht schlecht. Es ist schön heute, nicht wahr?

Ò tha!	**Dè do naidheachd?**	**Chan eil dad.**
o ha	dschee do nai'acht	chan jäil dat
oh ist	*was deine° Nachricht*	*nicht° ist nichts*
Aber ja!	Was gibt es Neues?	Nichts.

Och dìreach mar as àbhaist.
ooch dschii[th]ach mar ass aawischt
och gerade wie welches-ist Gewöhnliches
Ach, nichts Neues.

Verabschieden

Die englische Abschiedsfloskel „cheers" ist ins Gälische eingeflossen:

Tìoraidh an-dràsda.
tschiiri an-draasda
tschüss im Moment
Tschüss dann!

Ursprünglich und bis heute auch gebräuchlich war die Verabschiedung so: Der Bleibende sagt:

Slàn leat/leibh!
slaan lät/läiw
gesund mit-du/-ihr
Bleib/bleiben Sie gesund!

Beannachd leat/leibh!
beannachk lät/läiw
Segenswünsche mit-du/-ihr
Segenswünsche seien mit dir/Ihnen!

Die Antwort des Scheidenden auf diese Verabschiedung lautet:

Mar sin leat/leibh!
mar schinn lät/läiw
wie jenes mit-du/mit-ihr
So auch dir/Ihnen!

Heute sagen oft auch beide einfach nur **mar sin leat/leibh"**, da jeder weiß, was gemeint ist.

Oidhche mhath!
oiche wa
Nacht° gut
Gute Nacht!

Das erste Gespräch

Egal, ob Sie in einer Pension mit einer Tasse Tee empfangen werden oder im Bus neben jemanden sitzen: so wie im Folgenden wird Ihr erstes gälisches Gespräch mit ziemlicher Sicherheit ablaufen.

Halò, madainn mhath!
hallo, mattin wa
hallo, Morgen ° gut
Hallo, Guten Morgen!

Halò, dè an t-ainm a th' ort/oirbh?
hallo, dschee an tännem a horscht/othiw
hallo, was der Name welcher ist auf-du/auf-ihr
Hallo, wie heißt du/heißen Sie?

'S e Seòras an t-ainm a th' orm.
schä Schoorass an tännem a horrem
ist es G. der Name welcher ist auf-ich
Ich heiße Georg.

A Shèorais, ciamar a tha thu/sibh?
A Heeorisch, kimmer a ha u/schiiw
oh ° Georg, wie (-) ist du/ihr
Georg, wie geht es dir/Ihnen?

Tha gu math, tapadh leat/leibh.
ha gu ma, tachpa lätt/läiw
ist U gut, dank mit-du/mit-ihr
Es geht mir gut, danke.

Cò às a tha thu/sibh?
ko ass a ha u/schiiw
wer aus (-) ist du/ihr
Woher kommst du/kommen Sie?

Tha mi às a' Ghearmailt / às an Ostair / às an Eilbhis.
ha mi ass a Jerremaltsch / ass an Osteth / ass an Ellewisch
bin ich aus die^{3} ° Deutschland^{3} / die^{3} ° Österreich^{3} / die^{3} ° Schweiz^{3}
Ich bin aus Deutschland/Österreich/der Schweiz.

Ländernamen sind immer weiblich und stehen meistens mit dem bestimmten Artikel. Ausnahme bilden Schottland, Irland, England und Länder, in die Schotten ausgewandert sind (Amerika, Kanada, Australien, Neuseeland).

Länder

A' Bheilg	A Wellek	Belgien
A' Bhreatainn Bheag	A Wrätan Wäk	Bretagne
Breatainn	Bräachtan	Britannien
An Danmharc	An Dannewark	Dänemark
A' Ghearmailt	A Jerremaltsch	Deutschland
An Fhionnlainn	An Iunnlan	Finnland
An Fhraing	An Raink	Frankreich
Sassainn	Ssassinn	England
An Òlaind	An Oolant	Holland
Èirinn	Eethin	Irland
An Eadailt	An Ädaltsch	Italien
Èirinn a Tuath	Eethin a Tua	Nordirland
Nirribhidh	Nirrivi	Norwegen
An Ostar	An Osteth	Österreich
Alba	Allepa	Schottland
An t-Suain	An Tuan	Schweden
An Eilbhis	An Ällewisch	Schweiz
An Spàinnt	An Spaantsch	Spanien
A' Chuimrigh	A Chümmethi	Wales

Càite a bheil thu/sibh a' fuireach?
kaatsch a wäil u/schiiw a futhach
wo (-) ist du/ihr bei Bleiben
Wo wohnst du/wohnen Sie?

Tha mi a' fuireach ann am Bonn/ann an Hamburg.
ha mi a futhach aun am Bonn/aun an Hamburg
ist ich bei Bleiben in Bonn/in Hamburg
Ich wohne in Bonn/Hamburg.

Dè cho fad 's a tha thu/sibh ann an Alba?
dschee cho fat ssa ha u/schiiw aun an Allepa
was so lange und ist (-) du/ihr in Schottland
Wie lange bist du/sind Sie in Schottland?

Bidh mi an-seo airson seachdain/cola-deug/mìos.
bii mi an-scho ärsson scheachkin/kolla-dschiak/miios
sein-werden ich hier für Woche/vier-Tage-zehn/Monat
Ich bin hier für eine Woche/vierzehn Tage/einen Monat.

An ann air saor-làithean a thàinig thu?
an aun äth ssüor-lai'en a haanik u
FP-ist darin auf frei-Tage dass kamst du
Machst du hier Ferien?

Tha mi ag ionnsachadh Gàidhlig.
ha mi ak iunsachagh Gaalik
bin ich beim Lernen Gälisch
Ich lerne Gälisch.

Tha mi airson iasgach/sealg.
ha mi ärsson iasgach/schällak
bin ich für Fischen/Jagen
Ich möchte fischen/jagen.

Tha mi airson coiseachd.
ha mi ärsson koschachk
bin ich für Wandern
Ich möchte wandern.

Dè an aois a tha thu/sibh?
dschee n üoisch a ha u/schiiw
was das Alter welches ist du/ihr
Wie alt bist du/sind Sie?

Tha mi ochd bliadhna air fhichead a dh' aois.
ha mi ochk bliana äth ichet a ghüoisch
bin ich acht Jahre auf° zwanzig von (-) Alter
Ich bin 28 Jahre alt.

A bheil thu/sibh pòsda?
a wäil u/schiiw poosta
FP ist du/ihr verheiratet
Bist du/sind Sie verheiratet?

Tha cèile agam.
ha keele akam
ist Partner bei-ich
Ich habe eine/n Freund/-in.

A bheil clann agad/agaibh?
a wäil klaun akat/akiw
FP ist Kinder bei-du/bei-ihr
Hast du/haben Sie Kinder?

Tha, tha mac agus nighean agam.
ha, ha machk ages ni'en akam
ist, ist Sohn und Tochter bei-ich
Ja, einen Sohn u. eine Tochter.

Dè an obair a th' agad/agaibh?
dschee an opeth a hakat/akiw
was die Arbeit welche ist bei-dir/bei-ihr
Welchen Beruf hast du/haben Sie?

'S e oileanach a th' annam.
schä ollannach a hannem [hunnem]
ist es Student welcher ist in-ich
Ich bin Student.

Ein Crofter ist ein schottischer Kleinbauer.

clèireach (m)	kleethach	Angestellter
obraiche (m)	opriche	Arbeiter
bèicear (m)	bäichketh	Bäcker
tuathanach (m)	tua'anach	Bauer
post (m)	post	Briefträger
croitear (m)	kroichtscher	Crofter
dotair (m)	dochteth	Doktor
iasgair (m)	iasgeth	Fischer
rannsaichear (m)	raunsicher	Forscher/ Wissenschaftler
gruagaire (m)	gruagathe	Friseur
bean-taighe (w)	bän-tähe	Hausfrau
innleadair (m)	iinlädeth	Ingenieur
banaltram (w)	bannaltram	Krankenschwester
neach teagaisg (m)	neach tschägischk	Lehrer/-in
peantair (m)	pännteth	Maler
ceòladair (m)	keooladeth	Musiker/in
ollamh (m)	ollaw	Professor/in
seinneadair (m)	schännadeth	Sänger/in
sgoilear (m)	skoller	Schüler/in
maraiche (m)	mariche	Seemann
rùnaire (m)	ruunathe	Sekretär/-in
saor (m)	ssüor	Tischler
rèiceadair (m)	reechkadeth	Verkäufer
fiaclair (m)	fiachkleth	Zahnarzt

An toil leat/leibh an obair seo?
an toll lät/läiw an opeth scho
ist Wunsch mit-du/mit-ihr die Arbeit diese
Magst du/mögen Sie diese Arbeit?

Is toil.
s toll
ist Wunsch
Ja.

Cha toil.
cha toll
nicht°-ist Wunsch
Nein.

Bitten, Danken, Wünschen

Im Gälischen drückt man sich immer sehr höflich aus. Das geschieht meistens über feststehende Ausdrücke.

etwas anbieten

Am bu toil leat/leibh tì?
am bu toll lät/läiw tii
FP wäre Wunsch mit-du/mit-ihr Tee
Möchtest du/möchten Sie Tee?

Bu toil/cha bu toil, tapadh leat/leibh.
bu toll/cha bu toll, tachpa lät/läiw
wäre Wunsch/nicht° wäre Wunsch, Dank mit-du/mit-ihr
Ja/nein, danke.

Dè b' fheàrr leat/leibh, fìon dearg neo fìon geal?
dschee b'eaar lät/läiw, fiion dschärrak no fiion gäl
was wäre besser mit-du/mit-ihr, Wein rot oder Wein hell
Was möchtest du/möchten Sie lieber, Rotwein oder Weißwein?

B' fheàrr leam fìon dearg.
b' eaar läm fiion dschärrak
wäre besser mit-ich Wein rot
Ich bevorzuge Rotwein.

bitte (beim Überreichen)

'S e do bheatha.
schä do wäha
ist Er(Gott) dein° Leben
Bitte sehr!
(an eine Person)

'S e ur beatha.
schä ur bäha
ist Er(Gott) euer Leben
Bitte sehr! *(an mehrere Pers./höfliche Form)*

danken

Tapadh leat/leibh.
tachpa lät/läiw
Dank mit-du/mit-ihr
Danke.

Mòran Taing!
mooran taing
vieles Dank
Vielen Dank!

wünschen

Nollaig chridheil dhut/dhuibh!
Nollek chri'el ghut/ghuiw
Weihnachten° herzlich zu-du/zu-ihr
Frohe Weihnachten!

Meal do naidheachd!
meal do nai'achk
genieße deine° Nachricht
Herzlichen Glückwunsch!

Bliadhna Mhath Ùr!
bliana Wa Uur
Jahr° gut neu
Frohes Neues Jahr!

Cò-latha breith sona dhut/dhuibh!
koo-la'a bree ssonna ghut/ghuiw
Tag Geburt glücklich zu-du/zu-ihr
Herzlichen Glückwunsch zum Geburtstag!

Diesen Trinkspruch benutzen Sie, wenn Sie es wirklich gut mit jemandem meinen!

Gu math fada beò thu agus ceò às do thaigh!
gu ma fata beoo u ages keoo ass do hai
dass gut lang lebendig du und Rauch aus dein° Haus
Auf dass du lange leben mögest und immer der Schornstein raucht!

Turas math sàbhailte dhut/dhuibh!
turass ma ssaawiltsche ghut/ghuiw
Reise gut sicher zu-du/zu-ihr
Gute und sichere Reise!

Das Wetter

Jedes auch noch so kurze Gespräch wird einen Kommentar über das Wetter einschließen. Das hilft zum einen unverbindliche, freundliche Konversation zu machen, zum anderen bekommt ein Gesprächspartner auf diese Weise heraus, wie viel Gälisch Sie können. Das Wetter ist im Gälischen immer weiblich, deshalb wird es durch das weibliche persönliche Fürwort **i** (sie) stellvertreten.

an t-sìde (w)	an tschiidsche	das Wetter
an t-uisge (m)	an tüschke	der Regen
das Wasser		
an sneachd (m)	an schneachk	der Schnee
an t-adhar (m)	an ta'ar	der Himmel
a' ghrian (w)	a ghrian	die Sonne
a' ghealach (w)	a ghälach	der Mond
bogha-froise (m)	bo'a-froosch	Regenbogen
brèagha	bri'a	schön
fuar	fuar	kalt
fliuch	fluch	feucht
garbh	garrew	übel
ceòthach	kjoo'ach	neblig
grianach	grianach	sonnig
blàth	blaa	warm
teth	tschä	heiß

Tha i stoirmeil.
ha i stothemel
ist sie stürmisch
Es ist stürmisch.

Tha i sgothach.
ha i sko'ach
ist sie wolkig
Es ist bewölkt.

Die Insel Skye wird auch häufig **Eilean a' Cheò** Ällan a Cheoo *(Nebelinsel, „Insel des$^{2\circ}$ Nebels^{2}") genannt. Sie werden bald feststellen, wieso ...*

Tha tàirneanaich is dealanaich ann.
ha taarneanich is dschälanich aun.
ist Donner und Blitz da
Es gewittert.

Tha i brèagha an-diugh, nach eil?
ha i bri'a an-dschiu, nach äil
ist sie schön heute, dass-nicht ist
Es ist schön heute, nicht wahr?

Tha, ach bidh an t-uisge ann a-màireach.
ha, ach bii an tüschke aun a-maathach
ist, aber sein-werden das Wasser da morgen
Ja, aber morgen wird es regnen.

Tha mi an dòchas nach bi!
ha mi an doochas nach bi
ist ich in Hoffnung dass-nicht sein-werden
Ich hoffe nicht.

Zu Gast sein

Wird man in Schottland privat eingeladen, freuen sich die Gastgeber, wenn man etwas mitbringt. Das kann z. B. eine Packung Kekse oder deutsche Gummibärchen sein oder abends auch eine Flasche Wein. Ich bringe für solche Fälle immer ein, zwei Flaschen deutschen Wein von zu Hause mit. Wenn sich keine Einladung ergibt, findet man garantiert jemanden, der beim Austrinken hilft.

Thig/thigibh a chèilidh oirnn a-nochd!
hik/hikiw a cheeli othin a-nochk
komm/kommt zu° Besuch auf-wir heute-Abend
Komm/kommen Sie heute Abend zu uns!

Thig/thigibh a-steach!
hik/hikiw e-schtscheach
komm/kommt in-Haus
Komm/-en Sie rein!

Suidh/Suidhibh sìos!
ssui/ssui'iw schiios
sitz/setzt nieder
Setz dich/
Setzen Sie sich!

An toil leat/leibh cupa tì?
an toll lät/läiw kuchpa tii
FP-ist Wunsch bei-du/bei-ihr Tasse Tee
Möchtest du/möchten Sie eine Tasse Tee?

Seo dhuibh!
scho ghuiw
hier zu-ihr
Das ist für Sie! *(Überreichen des Mitbringsels)*

Sin mo bhean.
schinn mo wän
jene meine° Frau
Das ist meine Frau.

Sin an duine agam.
schinn an dünje akam
jener der Mann bei-ich
Das ist mein Mann.

an teaghlach (m)	an tschealach	Familie
pàrantan (m)	paarantan	Eltern
seanair (m)	schäneth	Großvater
seanmhair (w)	schänaweth	Großmutter
màthair (w)	maaheth	Mutter
athair (m)	aheth	Vater
bràthair (m)	braaheth	Bruder
piuthar (w)	piuher	Schwester
nighean (w)	ni'en	Tochter
mac (m)	machk	Sohn
clann (w)	klaun	Kinder
piuthar-màthar (w) *Schwester-Mutter*	piuher-maaher	Tante (mütterlicherseits)
piuthar-athar (w) *Schwester-Vater*	piuher-aheth	Tante (väterlicherseits)
bràthair-màthar (m) *Bruder-Mutter*	braaheth-maaher	Onkel (mütterlicherseits)
bràthair-athar (m) *Bruder-Vater*	braaheth-aher	Onkel (väterlicherseits)
bràthair-cèile (m) *Schwester-Gatte*	braaheth-keele	Schwager
piuthar-chèile (w) *Schwester-Gattin*	piuher-cheele	Schwägerin

Tha mi toilichte ur coinneachadh/
do choinneachadh.
ha mi tollichtsche ur konneachagh/do chonneachagh
ist ich glücklich euer Sehen/dein° Sehen
Ich freue mich, Sie/dich kennen zu lernen.

Musik

Das „Royal National Mod“ ist *das* jährliche musikalische Großereignis der gälischen Welt Schottlands. Jedes Jahr an einem anderen Ort in Schottland findet dieser traditionelle Musik- und Gesangswettbewerb im Oktober statt, dessen Finale bei **Radio nan Gàidheal** live übertragen wird. Den Siegern winkt eine Medaille. Daneben finden in jeder Region Schottlands auch lokale „Mods“ statt.

Weitaus moderner und auch für zeitgemäße Musikströmungen offen ist das im Januar stattfindende Festival *Celtic Connections* in Glasgow. Hier wird auch gerockt, und Musikgruppen aus der ganzen Welt verbinden „keltische“ Klänge mit ihren eigenen Musikstilen.

Eine der renommiertesten Sommerschulen für traditionelle Musik ist **Ceòlas** Keoolas auf der Insel South-Uist. Jedes Jahr im Juli treffen sich hier Musikbegeisterte, um Dudelsack, gälische Lieder und traditionelle Tänze zu lernen. Sommerkurse für traditionelle Musik bietet auch das gälische College **Sabhal Mòr Ostaig** Ssa'al Mor Ostäk auf Skye an.

Cò a bhios a' seinn / a' cluich a-nochd?
ko a wias a schäin / a kluich a-nochk
wer (-) sein-werden bei Singen / bei Spielen heute-Abend
Wer singt/spielt heute Abend?

clàrsach (w)	klaarssach	Harfe
a' phìob (w)	a fiip	Dudelsack
fidheall (w)	fi'all	Geige
fideag (w)	fidschak	Flöte
òran (m)	ooran	Lied
dannsa (m)	daunssa	Tanz
ceòl (m)	kjool	Musik
seinn	schäin	singen
cluich	kluich	spielen (Instrument)

Càite am bi am Mòd Rìoghal Nàiseanta a' tachairt am bliadhna?
kaatsch am bi am Mood Rii'al Naaschenta a tacharscht am bliana
wo (-) sein-werden das Mod Königlich National bei Passieren dieses Jahr
Wo findet das Royal National Mod dieses Jahr statt?

Ann am Peairt.
aun am Pearscht
In Perth.

Musik ist aus dem Alltagsleben der Gälen nicht wegzudenken. Häufig findet ein so genanntes **cèilidh** keeli statt. Das sind Zusammenkünfte, bei denen getanzt und musiziert wird. Sollten Sie ein Plakat oder einen Hinweis in der Zeitung sehen, gehen Sie auf jeden Fall hin. Ursprünglicher werden Sie besonders auf den Hebrideninseln traditionelle Musik nicht zu hören bekommen. Möglicherweise bekommen Sie ein Mikro in die Hand gedrückt mit der Bitte, ein Lied vorzutragen.

Gabh òran (Gearmailteach)!
gaaw ooran (Gerremaltschach)
nimm Lied (deutsch)
Sing ein (deutsches) Lied!

Sin thu fhèin!
schinn u heein
jenes du selbst
Klasse! Gut gemacht!

Tha mi duilich, chan urrainn dhomh seinn.
ha mi dullich, chan urrinn gho schäinn
ist ich bedauerlich, nicht°-ist Fähigkeit zu-ich Singen
Tut mir Leid, ich kann nicht singen.

Wenn Sie sich drücken wollten (was Sie natürlich nicht tun werden), könnten Sie mit nebenstehenden Satz antworten.

Coma leat, feumaidh tu!
koma lät, feemi tu
egal mit-du, müssen-werden du
Egal, du musst!

Flirt & Liebe

Wenn Sie jemanden kennen lernen möchten, funktioniert das ungefähr genau so wie bei uns. Eine lose Bekanntschaft zu machen, die möglicherweise in eine nette Freundschaft übergeht, ist sehr schnell möglich.

An tèid thu don chèilidh còmhla rium a-nochd?
an dscheedsch u don cheeli koola rum a-nochk
FP gehen-werden du zu-dem° Tanzfest[3] zusammen zu-ich heute-Abend
Gehst du heute Abend zusammen mit mir zum Tanzfest?

A bheil thu a' siubhal leat fhèin?
a wäil u a schual lät heein
FP ist du bei Reisen mit-du selbst
Bist du alleine unterwegs?

Am faod mi do thoirt dhachaigh?
am füot mi do hoorscht ghachai
FP dürfen-werden ich dein° Bringen nach-Hause
Darf/ kann ich dich nach Hause bringen?

Tha thu a' coimhead brèagha!
ha u a koijet bri'a
ist du bei Schauen hübsch
Du siehst gut aus!

Tha gaol agam ort!
ha güol akam orscht
ist Liebe bei-ich auf-du
Ich liebe dich!

'S toil leam (gu mòr) thu.
s toll läm (gu moor) u
ist Wunsch mit-ich (U groß) du
Ich mag dich (sehr).

Thuit mi ann an gaol.
huichtsch mi aun an güol
fiel ich in Liebe
Ich habe mich verliebt.

An toir thu pòg dhomh?
an tooth u pook gho
FP geben-werden du Kuss zu-ich
Gibst du mir einen Kuss?

Wenn man sich dann näher kommt, kann man fragen:

A bheil sin a' còrdadh ruit?
a wäil schinn a koorschdagh rut
FP-ist jenes bei Gefallen zu-du
Magst du das?

Tha, tha sin math.
ha, ha schinn ma
ist, ist jenes gut
Ja, das ist gut.

Càite an tèid sinn a-nis?
kaatsch an dscheedsch schiin a-nisch
wohin (-) gehen-werden wir jetzt
Wohin gehen wir jetzt?

Tha mi ag iarraidh a dhol air do mhuin.
ha mi ak iarri a ghol äth do wun
ist ich bei Wollen zu° Gehen auf dein° Besteigen
Ich möchte mit dir schlafen.

A bheil casgan agad?
a wäil kaskan akat
FP ist Bremse bei-du
Hast du ein Kondom?

Chan eil mi ag iarraidh sin!
chan jäil mi ak iarri schinn
nicht° ist ich bei Wollen jenes
Ich möchte/will nicht!

Wenn die Anmache nicht auf Gegenliebe stößt, kann man sich mit nebenstehenden Sätzen wehren.

Na dèan-sin (a-rithist)!
na dscheean-schinn (a-ri'ischt)
nicht mach-jenes (nochmal)
Mach das nicht (nochmal)!

Sguir dheth!
skuth jä
lass von-er
Lass das sein!

Tha sin ro luath.
ha schinn ro lua
ist jenes zu° schnell
Das geht mir zu schnell.

Thalla!
halla
verschwinde
Hau ab!

Bheir mi dhut sgailc!
weeth mi ghut skallek
geben-werden ich zu-dir Ohrfeige
Ich knall dir gleich eine!

gaol (m)	güol	Liebe
càirdeas (m)	kaarschdsches	Freundschaft
pòs [a' pòsadh]	poos [a poosagh]	heiraten
leatromach	lätroumach	schwanger
co-sheòrsach	ko-heoorsach	schwul/lesbisch
mo ghràidh!	mo ghraai	Liebling!
m' eudail!	meetal	Schätzchen!

Unterwegs

Schottland ist kein Land für einen Strandurlaub. Klassischerweise machen die meisten Besucher eine Rundreise mit dem eigenen Wagen. Reisen Sie langsam, und nehmen Sie sich Zeit. Wenn Sie wandern möchten, sind Sie hier richtig und können besonders auf den Inseln mit Einheimischen schnell über Gesehenes auf Gälisch fachsimpeln.

zu Fuß

Gabhaibh mo leisgeul, càite a bheil an stèisean?
gawiw mo leschkeal, kaatsch a wäil an steeschen
nehmt meine Entschuldigung, wo (-) ist der Bahnhof
Entschuldigung, wo ist der Bahnhof?

stèisean (m)	steeschen	Bahnhof
bùth leabhraichean (w) *Laden Bücher*	buu ljoorichen	Buchhandlung
stad a' bhus (m) *Halt des[2] Busses[2]*	stat a wass	Bushaltestellte
clach-chuimhne (w) *Stein-Erinnerung*	klach-chuinje	Denkmal
bùth (w)	buu	Geschäft
tursach/-an (m)	tursach/-an	Hinkelstein/e
taigh-dhealbh (m) *Haus-Bild*	tai-jällaw	Kino
eaglais (w)	äklisch	Kirche
ionad margaidh (m) *Platz Markt[2]*	inat marragi	Marktplatz

taigh-tasgaidh (m) *Haus-Bewahren*[2]	tai-taski	Museum
pàirc (w)	paark	Park
talla a' bhaile (m) *Halle der*[2] *Stadt*[2]	talla a walle	Rathaus
amar-snàmh (m) *Wanne-Schwimmen*	amer-snaaw	Schwimmbad
talla-baile (m)	talla-balle	Stadthalle
rathad (m)	ra'at	(Land-)Straße
oilthigh (m)	ollhai	Universität
slighe (w)	schli'e	Weg

Die wichtigsten Richtungsangaben finden Sie in der rechten inneren Umschlagklappe.

Ciamar a ruigeas mi don taigh-taisgaidh?
kimmer a rukes mi don tai-taski
wie (-) erreichen ich zu-dem[3]*° Haus-Bewahren*[3]
Wie komme ich zum Museum?

A bheil sin fad air falbh?
a wäil schinn fat äth fallaw
FP ist jenes lange auf Weggehen
Ist das weit weg?

Tha./Chan eil.
ha / chan jäil
ist / nicht° ist
Ja. / Nein.

Chan eil ach còig mionaidean air a' bhus.
chan jäil ach kooik minadschen äth a wass
nicht° ist aber fünf Minuten auf dem[3]*° Bus*[3]
Das sind nur fünf Minuten mit dem Bus.

An urrainn dhomh coiseachd ann?
an urrinn gho koschachk aun
FP-ist Fähigkeit zu-ich Wandern in
Kann ich dahin laufen?

'S urrainn.
ssurrinn
ist Fähigkeit
Ja.

Chan urrainn.
chan urrinn
nicht°-ist Fähigkeit
Nein.

geographische Begriffe

Dorf & Stadt

clachan (m)	klachen	kleiner Ort
baile (m)	balle	Ort, Dorf
baile mòr (m)	balle moor	Stadt
Ort groß		

Folgende Begriffe sind häufig Bestandteile schottischer Ortsnamen:

cill (w)	kil	Kirche
dùn (m)	duun	Festung
inbhir (m)	injith	Mündung
drochaid (w)	drochitsch	Brücke
-aigh	ai	-Eiland
caol (m)	küol	Meerenge, Sund
bàigh (w)	bai	Bucht

Gebiete

A' Ghàidhealtachd	A Jäheltachk	Highlands
A' Ghalldachd	A Gaulldachk	Lowlands
Na Crìochan	Na Kriiochan	Grenzgebiet (zu England)

Städte

Obar Dheathain	Opar Ä'an	Aberdeen
A' Chomraidh	A Chommeri	Applecross
Armadal	Armadal	Armadale
An Aghaidh Mhòr	An A'i Woor	Aviemore
Inbhir Àir	Injir Aar	Ayr
Baile a' Chaolais	Ballachüolisch	Ballachulish
A' Mhanachainn	A Wanachin	Beauly
An t-Ath Leathann	An Ta Lähan	Broadford
Drochaid Chàrr	Drochitsch Chaar	Carrbridge
Bàgh a' Chaisteil	Ba a Chaschtschel	Castlebay
Cùil Lodair	Kuul Lotteth	Culloden
Druim na Drochaid	Druim na Drochitsch	Drumnadrochit
Dùn Dèagh	Duun Dschee	Dundee

Dùn Èideann	Duun Eedschan	Edinburgh
An Gearasdan	An Gerrastan	Fort William
Glaschu	Glassechu	Glasgow
Inbhir Nis	Injir Nisch	Inverness
Caol Loch Aillse	Küol Lochailsche	Kyle of Lochalsh
Caol Acain	Küol Achkin	Kyleakin
Loch Baghasdal	Lochba'asdal	Lochboisdaile
Loch nam Madadh	Loch Na Madagh	Lochmaddy
Mallaig	Mallaik	Mallaig
Baile Ùr an t-Slèibh	Bal Ur An Tschleew	Newtonmore
An t-Òban	An Toopan	Oban
Pàislig	Paaschlik	Paisley
Peairt	Pearscht	Perth
Port Rìgh	Porscht Rii	Portree
Preastbhaig	Prestwik	Prestwick
Steòrnabhagh	Schtjornawagh	Stornoway
An Tairbeart	An Tarberscht	Tarbert

Schottland ist seit einer Gebietsreform in den Siebzigern des 20. Jahrhunderts in Regionen eingeteilt, die alten Namen der Grafschaften sind teilweise identisch und werden noch häufig genutzt.

Inseln

Sealltain	Schalltin	Shetland
Arcaibh	Arrekiff	Orkney
Leòdhas	Ljoo'ass	Lewis
Na Hearadh	Na Härragh	Harris
Uibhist a Tuath	Uischt a Tua	North-Uist
Beinn na Faoghla	Bäin a Fula	Benbecula
Uibhist a Deas	Uischt a Dschess	South-Uist
Barraigh	Barrai	Barra
An t-Eilean Sgitheanach	An Tschällan Ski'anach	Skye
Muile	Mulle	Mull
Colla	Kolla	Coll
Tiriodh	Tschirii	Tiree
Rùm	Ruum	Rhum
Ì Chaluim Chille	I Chalum Chilje	Iona
Ìle	Iile	Islay
Diùra	Dschuura	Jura

mit dem Taxi

Tha mi ag iarraidh tacsaidh.
ha mi ak iarri tachksi
ist ich bei Wollen Taxi
Ich möchte ein Taxi.

A bheil tacsaidh ann?
a wäil tachksi aun
FP ist Taxi da
Gibt es ein Taxi?

Bu toil leam a dhol gu/do ...
bu toll läm a ghol gu/do ...
wäre Wunsch mit-ich zu° Gehen nach/zu° ...
Ich möchte nach/zu/zum/zur ...

Stadaibh aig an oisean.
statiw äg an oschen
haltet an der[3]° Ecke[3]
Halten Sie an der Ecke!

Cumaibh an iomlaid.
kumiw an iumlatsch
behaltet den Wechsel
Der Rest ist für Sie.

mit dem Bus

Im Bus können Sie gut Ihr Gälisch ausprobieren. Und wenn der Bus lange unterwegs ist, kann es auch vorkommen, dass die Fahrgäste ein gälisches Lied anstimmen.

Busse sind *das* öffentliche Verkehrsmittel im Hochland und auf den Inseln. Die Firma Citylink verbindet regelmäßig alle Hauptorte in Schottland und auch die Fährhäfen miteinander. Lokale Busfirmen übernehmen den Transport aufs Land.

Càite a bheil stèisean nam busaichean?
kaatsch a wäil steeschen nam bassichen
wo (-) ist Station der[2] Busse[2]
Wo ist der Bushof?

Càite am faigh mi ticead?
kaatsch am fai mi tichket
wo (-) bekommen-werden ich Ticket
Wo bekomme ich eine Fahrkarte?

Cuine a bhios am bus a' falbh?
kuin a wias am bass a fallaw
wann (-) sein-werden der Bus bei Weggehen
Wann fährt der Bus?

Dè tha ticead a' cosg bho Ghlaschu gu Port Rìgh agus air ais?
dschee ha tichket a kosk wo Ghlassechu gu Porscht Rii ages äth asch
was ist Fahrschein bei Kosten von ° Glasgow nach Portree (-) und zurück (-)
Wie viel kostet ein Fahrschein von Glasgow nach Portree und zurück?

Einige abgelegene Plätze sind nur mit dem Postbus zu erreichen. Das ist der Kleinbus des Briefträgers, der auch ein oder zwei Leute mitnimmt. Damit klappert er dann jeden Schafstall ab, das dauert zwar ewig, aber man kommt ans Ziel.

Cuine a bhios am bus a' ruigsinn Glaschu?
kuin a wias am bass a rukschinn Glassechu
wann (-) sein-werden der Bus bei Erreichen Glasgow
Wann ist der Bus in Glasgow?

An e sin am bus don Ghearasdan?
an ä schinn am bass don Jerrasdan
FP-ist es jenes der Bus zu-der^{3} ° Garnison^{3}
Ist das der Bus nach Fort William?

Càite an tèid mi far a' bhus airson an taigh-tasgaidh?
kaatsch an tscheedsch mi far a wass ärsson an tai-taski
wo (-) gehen-werden ich von dem^{3} ° Bus^{3} zum-Wohle des^{2} ° Haus-Bewahren^{2}
Wo muss ich aussteigen, um zum Museum zu kommen?

mit dem Zug

Zugfahren in Schottland ist schön, aber teuer. Das Eisenbahnsystem wurde in der Vergangenheit sehr vernachlässigt. Nur einige Hauptstrecken bestehen noch. Diese sind im Hochland alle eingleisig und mit Diesel betrieben. Als Tourist können Sie die wunderschöne Landschaft genießen, egal wann Sie ankommen. Pendler im Lande selbst sehen das häufig vollkommen anders, wenn's mal wieder nicht weitergeht. Aber das kennen wir ja.

trèan (m)	trään	Zug
rathad-iarainn (m) *Straße-Eisen*[2]	ra'at-iarenn	Bahnstrecke
màlaid [Mz: -ean] (w)	maalidsch [-en]	Koffer
ticead (m)	tichket	Fahrschein

Tha mi a' gabhail an trèan gu Caol Loch Aillse.
ha mi a ga'al an trään gu Küol Loch Ailsche
ist ich bei Nehmen des[2] Zuges[2] nach Kyle-of Lochalsh (-)
Ich nehme den Zug nach Kyle of Lochalsh.

Am bi trèan ann Di-Dòmhnaich?
am bi trään aun Dschi-Doonich
FP sein-werden Zug da Tag-(des-)Herrn
Gibt es sonntags einen Zug?

An dèan an trèan stad ann an Dùn Eideann?
an dscheean an treen stat aun an Dunn Eedschan
FP machen-werden der Zug Halt in (-) Edinburgh (-)
Wird der Zug in Edinburgh halten?

Nì.	**Cha dèan.**
nii	cha dscheean
machen-werden	*nicht° machen-werden*
Ja.	Nein.

mit dem Fahrrad

Schottland mit dem **rothair** rohe[th] (Fahrrad) zu erkunden, erfordert Ausdauer. Das Hochland heißt nicht umsonst so. Es geht ständig bergauf und bergab, und wenn nicht, hat man garantiert Gegenwind. Allerdings ist es eine wunderbare Art, ein Land hautnah zu erleben, und schottische Autofahrer fahren meistens rücksichtsvoll. In einsamen Gegenden und auf den Inseln ist es wunderbar, eine Landschaft ohne Verkehrsgeräusche und dem leisen, permanenten Summen der Mückenschwärme zu erfahren.

Tha mi a' tadhal air an Eilean Sgitheanach air an rothair.
ha mi a ta'al äth an Ällan Ski'anach äth an roheth
ist ich bei Bereisen auf der[3]° Insel[3] Skye[3] auf dem[3]° Fahrrad[3]
Ich bereise Skye mit dem Fahrrad.

Gabhaibh mo leisgeul, tha an rothair agam briste.
gawiw mo leschkeal, ha an roheth akam brischtsche
nehmt meine° Entschuldigung, ist das Fahrrad bei-ich gebrochen
Entschuldigen Sie, mein Fahrrad ist kaputt.

An urrainn dhuibh mo chuideachadh?
an urrinn ghuiw mo chudschachagh
ist Fähigkeit zu-ihr mein° Helfen
Können Sie mir helfen?

mit dem Flugzeug

Der wohl interessanteste Flugplatz befindet sich auf der Insel Barra. Dort ist der größte Strand in eine Landebahn umfunktioniert worden. Start und Landung richtet sich nach den Gezeiten. Währenddessen können Sie im Café des Flugplatzes Gälisch reden.

itealan (m)	ichtschalan	Flugzeug
plèan (m)	pleen	Flugzeug
port-adhair (m) *Hafen-Luft*	porscht-aheth	Flughafen

Feumaidh mi a bhith aig a' phort-adhair aig seachd uairean.
feemi mi a wi äk a forscht-aheth äk scheachk uathen
muss ich zu sein bei dem[3]° Hafen-Luft[3] bei sieben Stunden
Ich muss um sieben Uhr auf dem Flugplatz sein.

Bidh am plèan agam a' falbh aig ochd 'sa mhadainn.
bii am pleen akam a fallaw äk ochk ssa wattin
sein-werden das Flugzeug bei-ich bei Weggehen auf acht in-dem[3] ° Morgen[3]
Mein Flugzeug geht um 8 Uhr (morgens).

Mit dem Flugzeug kommen Sie schnell und bequem von Insel zu Insel bzw. von dort nach Inverness und Glasgow.

mit der Fähre

A bheil bàta-aiseag ann an-diugh?
a wäil baat-aschäk aun an-dschiu
FP ist Boot-Fähre in heute
Gibt es heute eine Fähre?

Dè cho tric 's a tha bàta-aiseag a' dol eadar Uibhist a Tuath agus na Hearadh?
dschee cho trichk ssa ha baat-aschäk a doll ätter Uischt a Tua ages na Härragh
was so lange und welches ist Boot-Fähre bei Gehen zwischen Uist im Norden und die Harris
Wie oft gibt es eine Fähre zwischen North-Uist und Harris?

mit dem Auto

Ciamar a ruigeas mi don rathad-mhòr gu Glaschu?
kimmer a rukas mi don ra'at-woor gu Glassechu
wie (-) erreichen-werden ich zu-der[3] ° Straße-groß[3] nach Glasgow
Wie komme ich zur Autobahn nach Glasgow?

A bheil e fad às?
a wäil e fat ass
FP ist es lang aus
Ist es weit?

Leanaibh ris an rathad seo!
lenniw risch an ra'at scho
folgt zu der Straße diese
Folgen Sie dieser Straße!

Chì sibh cuairtean.
chii schiiw kuarschtschen
sehen-werden ihr Verteilerkreis
Sie werden einen Kreisverkehr sehen.

Tionndaibh don làmh chlì/dheas!
tschiuntiw don laamw chlii/jess
dreht zu-der[3] ° Hand[3] links[3]/rechts[3]
Biegen Sie links/rechts ab!

Cumaibh dìreach air an rathad seo.
kuumiw dschiithach äth an ra'at scho
bleibt gerade auf der[3] ° Straße[3] diese
Ihr müsst/Sie müssen geradeaus fahren.

Càite a bheil sin air a' chlàr dùthcha?
kaatsch a wäil schinn äth a chlaar duucha
wo (-) ist jenes auf der[3] ° Aufzeichnung[3] Landes[2]
Wo ist das auf der Karte?

Stadaibh is faighnichibh de chuideigin eile!
stadiw is fainichiw dsche chudschegin äle
haltet und erfragt von ° jemandem anderen
Haltet und fragt jemand anderes!

càr (m)	kaar	Auto
sanas rathaid (m) *Schild Straße[2]*	ssanass ra'itsch	Verkehrs-schild
solas sràide (m) *Lampe Straße[2]*	ssollas straatsche	Straßen-laterne
làrach cuirm-chnuic (w) *Bereich Picknick*	laarach kurrem-chnuichk	Rastplatz
làrach pàircidh (w) *Bereich Parkens[2]*	laarach paareki	Parkplatz

slighe (w)	schli'e	Weg
sràid (w)	straatsch	Straße
rathad (m)	ra'at	Landstraße
rathad singilte (m)	ra'at schingiltsche	einspurige Straße
rathad dùbailte (m)	ra'at duubiltsche	zweispurige Straße
rathad-mòr (m)	ra'at-moor	Schnellstraße, Autobahn
lùb (m)	luup	Kurve
stad [a' stad]	stat [a stat]	anhalten, stehen bleiben
tionndaidh [a' tionndadh]	tschiunti [a tschiuntagh]	umdrehen
falbh seachad air *weggehen vorbei auf*	fallaw scheachat äth	überholen, vorbeigehen
draibh [a' draibheadh]	draiw [a draiwagh]	Auto fahren

Càite am faigh mi peatrol Di-Dòmhnaich?
kaatsch am fai mi pätrol Dschi-Doonich
wo (-) bekommen-werden ich Benzin Tag-(des-)Herrn
Wo bekomme ich sonntags Benzin?

A bheil an stèisean-peatrol seo fosgailte?
a wäil an steeschen-pätrol scho foskiltsche
FP ist die Station-Benzins[2] ° diese geöffnet
Ist diese Tankstelle geöffnet?

Feumaidh mi Diesel.
feemi mi Diisel
bedürfen-werden ich Diesel
Ich brauche Diesel.

Auto mieten

A bheil càr air mhàl agaibh?
a wäil kaar äth waal akiw
FP ist Auto nach° seinem Mieten bei-ihr
Haben Sie einen Mietwagen?

A bheil a' phrìs a' toirt a-steach VAT agus àrachas?
a wäil a friisch a toorscht e-schtscheach FAT ages aarachas
FP ist die° Preis bei Nehmen hinein Mehrwertsteuer und Versicherung
Ist in dem Preis Mehrwertsteuer und Versicherung enthalten?

A bheil càr nas motha/nas lugha agaibh?
a wäil kaar nass mo'a/nass lugha akiw
FP ist Auto mehr größer/mehr kleiner bei-ihr
Haben Sie einen größeren/kleineren Wagen?

Unfall & Panne

Alles rund ums Auto (Zubehör, Werkzeug) wird auf Englisch formuliert.

Tha an càr agam briste.
ha an kaar akam brischtsche
ist das Auto bei-ich gebrochen
Ich habe eine Panne.

Feumaidh e càradh.
feemi ä kaaragh
bedürfen-werden er Reparieren
Es muss repariert werden.

Chan eil fhios agam dè tha ceàrr air.
chan jäil iss akam dschee ha keaar äth
nicht° ist Wissen bei-ich was ist falsch auf-er
Ich weiß nicht, was kaputt ist.

An urrainn dhuibh mo thoirt don gharaid as fhaisge oirnn?
an urrinn ghuiw mo hoorscht don gharitsch ass aschge othin
FP-ist Fähigkeit zu-ihr mein° Nehmen zu-der[3]° Garage[3] meist näher auf-wir
Können Sie mich bis zur nächsten Werkstatt abschleppen?

An urrainn dhuibh mo chuideachadh?
an urrinn ghuiw mo chudschachagh
FP-ist Fähigkeit zu-ihr mein° Helfen
Können Sie mir helfen?

AA	äi äi	brit. Automobilclub
garaid (w)	garitsch	Autowerkstatt
cead draibhaidh (m)	kätt draiwi	Führerschein
tubaist (w)	tupischt	Verkehrsunfall

Bha tubaist orm.
wa tupischt orrem
war Unfall auf-ich
Ich hatte einen Unfall.

Tha cuideigin air a ghoirteachadh.
ha kudschegin äth a ghorschtachagh
ist jemand nach seinem Verletzen
Es ist jemand verletzt worden.

Feumaidh sinn carbad-eiridinn.
feemi schiin karabad-ethidschin
bedürfen-werden wir Krankenwagen
Rufen Sie bitte einen Krankenwagen.

trampen

Trampen geht gerade auf den Inseln sehr gut, da alle wissen, dass Busse nicht so häufig fahren. Einfach den Daumen raushalten und fragen:

Am faigh mi lioft gu Armadal?
am fai mi lift gu Armadal
FP bekommen-werden ich Mitfahrgelegenheit nach Armadale
Können Sie mich nach Armadale mitnehmen?

Sollten Sie über ein Auto verfügen und über eine einsame Insel sausen und sehen eine einsame Person an der Straße durch den Regen laufen, ist es nur höflich, wenn man stoppt und fragt:

A bheil sibh ag iarraidh lioft?
a wäil schiiw ak iarri lift
FP ist ihr bei Wollen Mitfahrgelegenheit
Kann ich Sie mitnehmen?

Über Stock & Stein

Fast alle Landschaftsnamen, also Berge, Flüsse, Fluren haben gälische Namen, für die es auch oft keine englische Umschreibung gibt. Wer keine Ahnung vom Gälischen hat, wird sie mit Sicherheit oft falsch aussprechen. Im Zweifelsfalle sprechen Sie sie einfach mit deutschem Akzent aus. Sie liegen damit auf jeden Fall besser, als mit irgendeinem pseudoenglischen Versuch.

Ein Beispiel: **Baile a' Chaolais** wird als *„Ballachulish"* im Englischen umschrieben. Es wird aber nicht *„Bälakjulisch"*, sondern Ballachulisch ausgesprochen – es muss ja auch mal Vorteile haben, Deutsch als Muttersprache zu sprechen ...

allt (m)	aullt	Bach
craobh (w)	krüow	Baum
beinn (w)	bäin	Berg
flùr (m)	fluur	Blume
talamh (m)	talaw	Erde
creag (w)	kräk	Felsen
abhainn (w)	au'inn	Fluss
cnoc (m)	krochk	Hügel
feur (m)	fiar	Gras
làrach (w)	laarach	Grundstück
eilean [eilanan] (m)	ällan [ällanen]	Insel [Inseln]
cladach (m)	klatach	Küste
dùthaich (w)	duu'ich	Land
muir (w)	muth	Meer
lus (m)	luss	Pflanze
gainmheach (w)	gänawach	Sand
loch (m)	loch	See/Fjord
baile (m)	balle	Stadt/Ort
clach (w)	klach	Stein
preas (m)	präss	Strauch
gleann (m), srath (m)	gleaun, straa	Tal
coille (w)	koilje	Wald
cluan (w)	kluan	Wiese

Dè an t-ainm a tha air a' bheinn seo?
dschee an tänem a ha äth a wäin scho
was der Name welcher ist auf dem^{3}° Berg^{3} dieser
Wie heißt dieser Berg?

Càite a bheil sin air a' chlàr-dùthcha?
kaatsch a wäil schinn äth a chlaar-duucha
wo (-) ist jenes auf der[3] ° Karte-Land[3]
Wo ist das auf der Landkarte?

Tha mi air chall.
ha mi äth chaull
ist ich nach ° Verloren
Ich habe mich verlaufen.

Tha mi a' lorg bothan airson na h-oidhche.
ha mi a lorrek bohan ärsson na hoiche
ist ich bei Suchen Berghütte zum-Wohle der[2] Nacht[2]
Ich suche eine Berghütte für heute Nacht.

Tiere

iolaire (w)	ioläthe	Adler
cat [Mz: cait] (m)	kacht [katsch]	Katze
tunnag [Mz: -an] (w)	tunnak [tunnakan]	Ente
asal (m)	aasal	Esel
cailleach-oidhche (w)	kailjach-oiche	Eule
cearc [Mz: -an] (w)	kärrak [kerkan]	Huhn
cù [Mz: coin] (m)	kuu [koinn]	Hund
bò [Mz: bà] (w)	boo [baa]	Kuh/Kühe
uan [Mz: uain] (m)	uan [uain]	Lamm
faoileag (w)	föuileak	Möwe
meanbh-chuileag (w) [Mz: -an]	männaw chullak [mennaw-chullakan]	Mücke (Stech-)
each [Mz: eich] (m)	each [äich]	Pferd
fitheach (m)	fi'ach	Rabe
fiadh [Mz: feidh] (m)	fiagh [feei]	Reh
muc [Mz: -an] (w)	muchk [muchkan]	Schwein
caora [Mz: -ich] (w)	küora [küorich]	Schaf
beathach (m)	beo'ach	Tier
cearc fhrangach (w) *Huhn ° französisch*	kärrak rankach	Truthahn

Fisch

iasg [Mz: èisg] (m)	iask [eeschk]	Fisch [Fische]
rionnach (m)	runnach	Makrele
sgadan (m)	skatan	Hering
bradan (m)	brattan	Lachs
breac [Mz: bric] (m)	breachk [brichk]	Forelle [Forellen]
giomach (m)	gimmach	Hummer

Dè 'n seòrsa beathach a tha seo?
dscheen schoorsa beo'ach a ha scho
was die Sorte Tier welches ist dies
Was ist das für ein Tier?

'S e dòbhran a th' ann.
schä doo'ran a h'aun
ist es Otter welcher ist in
Das ist ein Otter.

Seall, tha mi a' faicinn feidh.
schaull, ha mi a fächkinn feei
schau, ist ich bei Sehen Rehe
Schau, ich sehe Rehe.

Ò tha iad cho snog.
o ha iat cho snok
oh ist sie so schön
Oh, sind die schön.

A bheil èisg anns an loch seo?
a wäil eeschk auns an loch scho
FP ist Fische in dem[3] ° See[3] dieser
Gibt es in dem See Fische?

Tha, tha bric ann.
ha, ha brichk aun
ist, ist Forellen in
Ja, da sind Forellen drin.

An toil leat iasgach?
an toll lät iaskach
ist Wunsch mit-dir Fischen
Möchtest du fischen?

Is toil, ach a bheil cead againn?
s toll, ach a wäil kätt akinn
ist Wunsch, aber (-) ist Erlaubnis bei-uns
Ja, aber haben wir eine Erlaubnis?

Chan eil, ach gheibh sinn fear anns a' bhùth seo.
chan jäil, ach jiw schiin fär auns a wuu scho
nicht° ist, aber werden-bekommen wir ihn in dem[3]° Geschäft[3] dieses
Nein, aber wir bekommen sie in diesem Geschäft.

Tha na meanbh-chuileagan uabhasach an-diugh.
ha na männaw-chullakan uawassach an-dschiu
ist die Mücken schrecklich heute
Die Mücken sind schrecklich heute.

Übernachten

Bed & Breakfast sind Privatunterkünfte und entsprechen dem deutschen „Zimmer frei". In den Vorgärten der Anbieter hängt oft ein Schild, welches Auskunft über den Standard des Hauses gibt.

Schottland bietet eine große Zahl an unterschiedlichen Übernachtungsmöglichkeiten aller Kategorien an. Das beginnt beim Luxushotel in einem Schloss und endet beim Zelten beim Bauern unterwegs. Die beliebteste Form der Unterkunft ist nach wie vor das Bead & Breakfast. Hier hat man am ehesten die Gelegenheit, Kontakt mit den Einheimischen zu bekommen, und kann auch sein Gälisch ausprobieren. Oft wird man ungläubiges Staunen ernten, wenn man die Gastgeber in ihrer eigenen Muttersprache anspricht. Nicht immer wird man eine gälische Antwort bekommen. Dies ist keine böse Absicht – viele Leute sind es einfach nicht gewöhnt, dass ein Ausländer sie auf Gälisch anspricht.

Càite am faigh mi leabaidh is bracaist an-seo?
kaatsch am fai mi läpi is brachkischt an-scho
wo (-) bekommen-werden ich Bett und Frühstück hier
Wo bekomme ich hier ein Zimmer mit Frühstück?

A bheil Gàidhlig aca an-sin?
a wäil Gaalik achka an-schinn
FP ist Gälisch bei-sie dort
Sprechen sie dort Gälisch?

Tha mi a' lorg seòmar singilte/dùbailte airson oidhche.
ha mi a lorrek schoomer schingiltsche/duubeltsche ärsson oiche
ist ich bei Suchen Zimmer einzel/doppel für Nacht
Ich suche ein Einzel-/Doppelzimmer für eine Nacht.

Dè tha an seòmar a' cosg airson oidhche / dà oidhche?
dschee ha an schoomer a kosk ärsson oiche / daa oiche
was ist das Zimmer bei Kosten für Nacht / zwei° Nacht
Wie viel kostet das Zimmer für eine Nacht/zwei Nächte?

Fast überall haben Sie die Möglichkeit, Kaffee oder Tee auf dem Zimmer zuzubereiten. Oft können Sie auch ein Wohnzimmer als Aufenthaltsraum im Hause nutzen. Werden Zimmer „en-suite" angeboten, bedeutet dies, dass sie über ein eigenes Bad verfügen.

Bu toil leam bracaist aig ochd uairean a-màireach.
bu toll läm brachkischt äk ochk uathen a-maathach
wäre Wunsch mit-ich Frühstück bei acht Stunden morgen
Ich hätte gerne Frühstück um acht Uhr (morgens).

Die örtliche Tourismusinformation ist gegen eine geringe Gebühr gerne bereit, ein Zimmer nach Ihren Vorstellungen zu suchen und für Sie zu buchen. Sie können das auch im Internet selbst machen und sogar nach Zimmern suchen, deren Anbieter Gälisch sprechen.

Chan ith mi feòil.
chan ich mi feool
nicht° essen-werde ich Fleisch
Ich esse kein Fleisch.

Dieser Hinweis seitens des Gastes kann eine Vermieterin zur Verzweiflung bringen. Für viele Schotten ist ein Essen ohne Fleisch kein richtiges Essen. Man wird trotzdem für Sie tun, was man kann.

Gabhaidh mi brochan/rola/tòst le càise agus tomato.
ga'i mi brochan/rolla/toost lä kaasche ages tomato
nehmen-werden ich Haferbrei/Brötchen/Toast mit Käse und Tomate
Ich werde Haferbrei/Brötchen/Toast mit Käse und Tomate nehmen.

A bheil cluasag/plaide a bharrachd agaibh?
a wäil kluassak/pladsche a warrachk akiw
FP ist Kopfkissen/Decke (-) zusätzlich bei-ihr
Haben Sie ein weiteres Kopfkissen/eine weitere Decke?

Tha an solas briste.
ha an ssollass brischtsche
ist das Licht gebrochen
Das Licht ist kaputt.

Chan eil am fràs a' dèanamh.
chan jäil am fraas a dscheeanaw
nicht° ist die Dusche bei Machen
Die Dusche funktioniert nicht.

Bevor Sie das jedoch sagen, schauen Sie lieber nach, ob der Strom eingeschaltet ist. Meistens muss man den Strom für Heißwasser mit einem roten Schalter draußen an der Badezimmertür oder durch Ziehen einer Strippe im Bad selbst einschalten.

A bheil rud-eigin inntinneach ri fhaicinn an-seo?
a wäil rut-egin iintschinach ri ächkin an-scho
FP ist Ding-irgendein interessant zu° sehen hier
Gibt es hier etwas Interessantes zu sehen?

Fragen Sie Ihre Zimmerwirtin ruhig nach den Sehenswürdigkeiten der Gegend!

Tha caisteal/tursachan againn an-seo.
ha kaschtschel/tursachan akin an-scho
ist Burg/Hinkelsteine bei-wir hier
Wir haben eine Burg/Hinkelsteine hier.

Wenn Sie lieber etwas einfacher nächtigen wollen, fragen Sie einfach:

Am faod mi campadh an-seo?
am füot mi kampagh an-scho
FP dürfen ich Campen hier
Darf ich hier campen?

Càite am faigh mi osdail-òigridh/taigh-òsda?
kaatsch am fai mi ostal-ooigri/tai-oosta
wo (-) bekommen-werden ich Unterkunft-Jugend/Haus-Gast
Wo finde ich eine Jugendherberge/ein Hotel?

Essen & Trinken

Essen und Trinken tun auch die Schotten gerne. Die schottische Küche hat wie die britische allgemein mit den üblichen Vorurteilen zu kämpfen. Tatsache ist, dass man in Schottland hervorragend essen kann, man sollte nur wissen wo. Auskünfte gibt jede Tourismus-Information sowie die Plakette *A taste of Scotland* an der Restauranttür. Das einzige mir bekannte Edelrestaurant, in dem man auf Gälisch bestellen kann, findet man im **Caberfeidh Hotel** in Stornoway auf Lewis.

Vorsicht vor den fetten Möwen draußen vor der Fischbude. Es sollen schon hungrige Touristen vor angreifenden, gierigen Möwen geflohen sein!

Sehr stilvoll ist natürlich ein *Fish and Chips* aus einer Bude an einem Hebridenhafen. Knuspriger Fisch im Teigmantel, dicke Fritten, gesalzen und kräftig mit Malzessig gewürzt.

biadh (m)	biagh	Essen
deoch (m)	dschoch	Getränk(e)
taigh-bidh (m)	tai-bii	Restaurant
taigh-seinnse (m)	tai-schäinnsche	Kneipe
cafaidh (m)	kaffee	Café
clàr-bidh (m)	klaar-bii	Speisekarte

Abends bietet sich ein *barmeal* im Pub (**taigh-seinnse** tai-schäinnsche) an. Hier bestellt man zusammen mit seinem Getränk das Essen an der Theke, bezahlt sofort, und die Bedienung bringt es an den Tisch. Niemand erwartet ein Trinkgeld im Café oder Pub. Im Restaurant gelten diesbezüglich dieselben Regeln wie bei uns.

Frühstück

Bracaist Albannach slàn Brachkischt Allepanach slaan, das „volle schottische Frühstück" besteht aus gebackenem Speck, gebratenen Würstchen und/oder Blutwurst, Spiegeleiern, Tomate und Pilzen, vorher wird oft Haferbrei serviert. Anschließend gibt es Toast, Marmelade und Butter. Neben einem Glas Orangensaft steht die obligatorische Kanne Tee auf dem Tisch, auf Wunsch auch immer öfter Kaffee.

Für Urlauber und Gefräßige reicht so ein Frühstück oft bis zum Abend, die Schotten essen so etwas nur selten. Meistens reicht ein Griff in die Cornflakes-Tüte, Milch drüber, Ende.

cofaidh (m) – tì (m)	koffi – tii	Kaffee – Tee
bainne (m)	bannje	Milch
siùcar (m)	schuuchker	Zucker
sùgh orains (m) *Saft Apfelsine*	ssuu orintsch	Orangensaft
brochan (m), lite (w)	brochan, lichtsche	Haferbrei
uighean (m Mz)	uijen	Eier
uighean bruich *Eier kochen*	uijen bruich	gekochte Eier
uighean pronn *Eier gequetscht*	uijen praun	Rühreier
uighean air praighigeadh *Eier nach Braten*	uijen äth pra'igagh	Spiegeleier
hama (m)	hamma	Speck
isbean (m)	ischpen	Würstchen
marag dhubh (w) *Pastete schwarz*	marrak ghu	Blutwurst
marag gheal (w) *Pastete hell*	marrak jäl	Blutwurst ohne Blut
aran (m)	aran	Brot
ìm (m)	iim	Butter
silidh (m)	schili	Marmelade

Mittagessen

Cafés bieten Kleinigkeiten, wie Sandwich und Suppen, an. Letztere sind besonders zu empfehlen, meistens sind sie hausgemacht und sehr lecker.

Das klassische, schottische **an dìnnear** dschiinear klingt zwar wie „dinner", besteht aber meistens aus einer Suppe mit Sandwich.

brot (m)	brocht	Suppe
ceapaire (m)	keechpathe	Sandwich
càise (m)	kaasche	Käse
hama (m)	hamma	Schinken
rola (m)	rolla	Brötchen

Am Nachmittag nimmt der Schotte gerne ein Tässchen Tee sowie das eine oder andere Plätzchen oder auch ein Stück Kuchen. Für alle Süßigkeiten gilt, dass sie unheimlich, na sagen wir mal gehaltvoll, sind und äußerst lecker. Ein Urlaub in Schottland ist nichts für *Weight watchers*, sondern für unmäßige Genießer, die hinterher ihre Kilos wieder abtrainieren wollen.

cèic (w)	keeichk	Kuchen
uachdar (m)	uachker	Sahne
aran coirce (m)	arran cotheke	Haferplätzchen
briosgaid (w)	briskitsch	Plätzchen

Abends gibt es dann das **suipear** suichper. Hier wird warm aufgetischt. Schottische Hausmannskost erinnert in vielem an deutsche Klassiker, wie z. B. ein Stück Fleisch, Gemüse, Kartoffeln. Besonders lecker ist Lamm und Fisch. Frischer schottischer Wildlachs oder auch geräucherter aus North-Uist direkt aus der Räucherei ist ein Hochgenuss und sein Geld wert. Oder Miesmuscheln auf Skye zusammen mit einem kühlen *eighty shillings* ... Wer wissen will, was das ist, siehe unter „Getränke“ nach.

feòil (w)	feool	Fleisch
mairtfheoil (w)	marschteool	Rindfleisch
muicfheoil (w)	muichkeool	Schweinefleisch
uan (m)	uan	Lamm
cearc (w)	kärrak	Huhn
sìthiann (w)	schi'on	Wild

iasg (m)	iask	Fisch
lèabag (w)	leepak	Scholle
breac (m)	breachk	Forelle
bradan (m)	brattan	Lachs
sgadan (m)	skattan	Hering
biadh mara (m Mz)	biagh marra	Meeresfrüchte

glasraich (w)	glasrich	Gemüse
tomato (m)	tomato	Tomate
sailead (m)	ssalat	Salat
pònairean (w)	poonethen	Bohnen
snèip (w)	sneechp	Steckrübe
peasraichean (w Mz)	pessrichen	Erbsen
currain (m)	kurren	Möhren
càl (m)	kaal	Kohl
colag (w)	kollak	Blumenkohl
uinnean (-an) (m)	unnean (-an)	Zwiebel(n)
buntàta (m Mz)	buntaata	Kartoffeln

salann (m)	ssallan	Salz
piobar (m)	pipper	Pfeffer
siùcar (m)	schuuchker	Zucker

measan (m)	messan	Obst
abaich	apich	reif
grod	krot	faul, verdorben
ubhal (m)	uall	Apfel
orainsear (m)	oranscher	Apfelsine
plumbais (w)	plumisch	Pflaume
peur [Mz: -an] (w)	peer [-an]	Birne(-n)
ruadh-bhàrr (m)	ruagh-waar	Rhabarber
dearcan fìona (w Mz)	dschäraken fiiona	Weintrauben
sùbhagan (w Mz)	ssuuwakan	Himbeeren
sùbhagan-làir (w Mz)	ssuuwakan laa[th]	Erdbeeren

bestellen

Tha an t-acras orm.
ha an tachkras orrem
ist der Hunger auf-ich
Ich habe Hunger.

Tha am pathadh orm.
ha am pa'agh orrem
ist der Durst auf-ich
Ich habe Durst.

A bheil thu/sibh ag iarraidh biadh?
a wäil u/schiiw ak iarri biagh
FP ist du/ihr bei Wollen Essen
Willst du/wollen Sie etwas essen?

Tha, tha mi ag iarraidh bracaist/dìnnear/suipear.
ha, ha mi ak iarri brachkischt/dschiinear/ssuichper
ist, ist ich bei Wollen Frühstück/Mittagessen/ Abendessen
Ja, ich möchte Frühstück/Mittag-/Abendessen.

Am faigh mi an clàr-bidh?
am fai mi an klaar-bii
FP bekommen-werden ich die Liste Essen
Kann ich die Speisekarte haben?

A bheil biadh ri fhaighinn an-seo?
a wäil biagh ri ai'in an-scho
FP ist Essen zu Bekommen hier
Gibt es hier etwas zu essen?

Dè th' agaibh an-diugh?
dschee hakiw an-dschiu
was ist bei-ihr heute
Was haben Sie heute?

Sollten Sie zum Frühstück die kleinen Bratwürstchen verlangen, wird man Sie u. U. verwundert anschauen. Es hat sich herumgesprochen, dass Deutsche keine Frühstückswürstchen mögen. Das Gleiche gilt für den gesunden und nahrhaften Haferbrei.

Bu toil leam bradan le buntàta agus glasraich.
bu toll läm brattan lä buntaata ages glasrich
wäre Wunsch mit-ich Lachs mit Kartoffeln u. Gemüse
Ich hätte gerne Lachs mit Kartoffeln und Gemüse.

A bheil feòil-caorach agaibh?
a wäil feool-küorach akiw
FP ist Fleisch-Lamm bei-ihr
Haben Sie Lammfleisch?

Dè 'n seòrsa brot a th' agaibh an-diugh?
dscheen schoorsa brocht a hakiw an-dschiu
was die Sorte Suppe welche ist bei-ihr heute
Welche Suppe haben Sie heute?

Gabhaidh mi brot an latha agus rola.
ga'i mi brocht an la'a ages rolla
nehmen-werden ich Suppe des[2] Tages[2] und Brötchen
Ich nehme die Tagessuppe und ein Brötchen.

Gabhaibh mo leisgeul, tha barrachd salann a dhìth air.
gawiw mo leschkeal, ha barrochk ssallan a jii äth
nehmt meine Entschuldigung, ist mehr Salz welches fehlt auf-er
Entschuldigung, da fehlt Salz.

Am faigh mi am piobar?
am fai mi am pipper
FP bekomme ich den Pfeffer
Kann ich den Pfeffer bekommen?

Hat man sein Essen beendet, wird man gefragt, ob's geschmeckt hat:

Eine Standardbeilage sind Erbsen und Möhren sowie kleine Pellkartoffeln, die Sie getrost mit Schale essen können. Häufig gibt es zusätzlich noch Fritten dazu. Pellkartoffeln gelten als Gemüse, die Fritten als Kartoffelbeilage. Für Schotten ist ein Essen ohne Kartoffeln kein richtiges Essen. Das kennen wir aus der Eifel.

An robh e math?
an ro ä ma
FP war es gut
War es gut?

Bha e glè mhath ach bha cus ann.
wa ä glee wa ach wa kuss aun
war es sehr° gut aber war zuviel in
Es war sehr gut, aber zu viel.

Bha e uabhasach math, mòran taing!
wa ä uawassach ma, mooran taing
war es schrecklich gut, vielen Dank
Es war äußerst gut, vielen Dank!

An do chòrd e ruibh?
an do choorschd ä riw
FP V gefiel es zu-ihr
Hat es Ihnen geschmeckt?

Chòrd e gu mòr rium.
choorschd ä gu moor rum
gefiel es U groß zu-mir
Es hat mir sehr geschmeckt.

Am bu toil leibh cofaidh no tì?
am bu toll läiw koffi no tii
FP wäre Wunsch mit-ihr Kaffee oder Tee
Hätten Sie gerne Kaffee oder Tee?

Bu toil, gabhaidh mi tì.
bu toll, ga'i mi tii
wäre Wunsch, nehmen-werden ich Tee
Ja, ich nehme Tee.

Manchmal kommt leider auch das hier vor:

Tha mi duilich, ach bha e ro fhuar.
ha mi dullich, ach wa ä ro uar
ist ich bekümmert, aber war es zu° kalt
Tut mir Leid, aber es war zu kalt.

Bha an t-iasg amh.
wa an tschiask aaw
war der Fisch roh
Der Fisch war roh.

Am faigh mi an cunntas?
am fai mi an kuuntas
FP bekommen-werden ich die Rechnung
Kann ich die Rechnung haben?

Chan eil airgead gu leòr agam.
chan jäil ätheget gu leoor akam
nicht° ist Geld U genug bei-ich
Ich habe nicht genug Geld dabei.

Am bi agam ris na soithichean a nighe?
am bi akam risch na ssoi'ichen a nihe
FP sein-werden bei-ich zu das Geschirr zu° Reinigen
Muss ich die Teller spülen?

Getränke/Im Pub

Sind die Freuden der schottischen Küche oft hinter nebligen Bergen der Highlands verborgen, so gilt dies mit Sicherheit nicht für Getränke. Berühmt ist dieses Land für seine Unzahl an hervorragenden Single Malt Whiskies, mit den Iren wird sich liebevoll um die Erfindung dieses Lebenswassers gestritten. Für diesen Kauderwelschband gilt natürlich, dass dies eine schottische Spezialität ist. Die wenigsten wissen, dass Schottland hervorragendes Bier zu bieten hat, welches im Gegensatz zu England auch immer kalt getrunken wird.

Pubs befinden sich oft in Hotels. Dort gibt es eine so genannte *lounge bar* und eine *public bar*. In der *lounge bar* ist es oft ruhiger und etwas schicker, in der *public bar* kann's auch schon mal hoch hergehen; und wenn man sein Gälisch bei Einheimischen an der Theke ausprobieren möchte, liegt man hier richtig.

Die Pubs im Hochland schließen gewöhnlich gegen 24 Uhr, manche haben auch bis 1 Uhr geöffnet. Getränke holt man sich an der

Theke selber, zahlt sofort und gibt kein Trinkgeld. Eine Besonderheit stellen die Runden dar. Geht man zu mehreren aus, holt einer für alle Getränke und zahlt auch alles. Es wird erwartet, dass dieses Verhalten die „Runde" macht, ist also nicht als Einladung zu verstehen.

Wenn Sie nicht Teilnehmer einer Runde sein möchten, ist dies kein Problem. Holen Sie sich einfach Ihr eigenes Getränk an der Bar. Sind Sie in der Runde, achten Sie darauf, sich zu beteiligen. Alles andere würde als unhöflich empfunden. Das würde zwar nie jemand laut sagen, ist aber so.

Wenn Sie im Hochland oder auf den Inseln in einem Pub sind, versuchen Sie bitte nicht, ein Fenster zu öffnen, auch dann nicht, wenn es drückend heiß innen ist. Sofort setzen Sie alle Gäste dem Angriff Myriaden von kleinen Mücken aus, und damit macht man sich keine Freunde.

taigh-seinnse (m) *Haus-Wechsel*	tai-schäinnsche	Kneipe
taigh-òsda (m) *Haus-Gast*	tai-oosta	Hotel/Gasthaus
pub (m)	pab	Pub

Taigh-seinnse – das Wort **seinnse** hat übrigens nicht mit **a' seinn** (singen) zu tun, obwohl man bei einer Kneipe in diesem musikalischen Land durchaus auf diesen Gedanken kommen könnte. Es handelt sich vielmehr um das englische Wort „change". Ein **taigh-seinnse** *(„Haus-Wechsel")* war eine Pferdewechselstation für die Postzustellung und Reisende, die natürlich auch Unterkunft und Verpflegung brauchten. Heute rauscht der Postbus an diesen Häusern vorbei, und es wird höchstens noch Geld gegen Getränke gewechselt.

Alkoholische Getränke

Neben großen Namen, wie **MacEwan's** *oder* **Belhaven**, *haben sich eine Anzahl kleiner Regionalbrauereien etablieren können, die leckere Starkbiere herstellen. Erwähnenswert ist die* **Skye Brewery** *in* **Uig**. *Dunkles Starkbier wird unterschieden in „forty shilling" (stark) und „eighty shilling" (noch stärker).*

leann (m)	le'un	Bier
làgair (m)	laageth	helles Bier
pìnnt (m)	piintsch	Pint (ca. 0,6 l)
leth-phìnnt (m)	lä-fiintsch	halbes Pint
glainne (w)	glannje	Glas
botal (m)	bochtal	Flasche

fìon (m)	fiion	Wein
fìon dearg (m)	fiion dschärrak	Rotwein
fìon geal (m)	fiion gäl	Weißwein

uisge-beatha (m)	üschke-bäha	Whisky
Wasser-Leben		
mac na bracha (m)	machk na bracha	Single Malt
Sohn des[2] Malzes[2]		
uisge-beatha pòsda (m)	üschke-bäha poosta	Blended Whisky
Wasser Leben[2] verheiratet		
tè bheag (w)	tschee wäk	ein Kleiner
Ding(w)° klein		
tè mhòr (w)	tschee woor	ein Doppelter
Ding(w)° groß		

Wortwörtlich bedeutet **uisge-beatha** „Wasser des Lebens" und aus dem Wort **uisge** hat sich „Whisky" entwickelt. Allein die vielen Destillerien rechtfertigen einen wochenlangen Aufenthalt in Schottland, aber Vorsicht:

Na òlaibh cus!
na ooliw kuss
nicht trinkt zuviel
Trinken Sie nicht zu viel!

Nichtalkoholische Getränke

uisge (m)	üschke	Wasser
còc (m)	koochk	Coca Cola
sùgh orains (m)	ssuu orintsch	Orangensaft

Also ran an die Bar und bestellen ...

Gabhaidh mi pinnt làgair.
ga'i mi piintsch laageth
nehmen-werden ich Pint Lagerbier
Ich nehme ein Pint Lagerbier.

Bu toil leam glaine fìon dearg.
bu toll läm glannje fiion dschärrak
wäre Wunsch mit-mir Glas Wein rot
Ich hätte gerne ein Glas Rotwein.

Tha mi ag iarraidh Tailisgeir le beagan uisge ach gun deigh.
ha mi ak iarri Talischketh lä bäkan üschke ach gun dscheei
ist ich bei Wollen Talisker mit ein-Weniges Wasser aber ohne Eis
Ich möchte einen Talisker mit ein Wenig Wasser, aber ohne Eis.

... Sie möchten jemanden auf einen Drink einladen ...

A bheil thu ag iarraidh deoch?
a wäil u ak iarri dschoch
FP ist du bei Wollen Getränk
Willst du was zu trinken?

Tha.
ha
ist
Ja.

Chan eil.
chan jäil
nicht° ist
Nein.

... in die Runde gefragt.

Dè ghabhas sibh/tu ri òl?
dschee ga'as schiiw/tu ri ool
was nehmen-werden ihr/du zu trinken
Was trinkt ihr?

Slàinte mhath!
slaantsche wa
Gesundheit° gut
Prost!

Slàinte mhòr!
slaantsche woor
Gesundheit° groß
Prost!

Tha e air a mhisg!
ha e ä[th] a wischk
ist er auf seiner° Trunkenheit
Er ist betrunken!

Tha an deoch oirre!
ha an dschoch orre
ist das Getränk auf-sie
Sie ist betrunken!

Der Tag danach ...

Tha ceann goirt orm.
ha keaun gorscht orrem
ist Kopf verletzt auf-ich
Ich habe einen dicken Kopf.

Tha mi sgìth.
ha mi skii
ist ich müde
Ich bin müde.

Einkaufen

Das Einkaufen geschieht auch auf den Hebriden und im Hochland immer öfter in Supermärkten. Dort wird sich weniger unterhalten als in den kleinen Tante-Mòrag-Läden auf dem Dorf. Hier kann man seine ersten Brocken Gälisch gut anwenden. Sie werden damit echte Überraschung hervorrufen. Möglicherweise wird aber auch auf Englisch geantwortet. Gerade beim Bezahlen kann es für den ungeübten Gälischsprecher schnell kompliziert werden, selbst viele Gälen benutzen die englischen Zahlwörter.

bùth (w)	buu	Geschäft
fosgailte	foskiltsche	geöffnet
dùinte	duuntsche	geschlossen
sporan (m)	sporran	Geldbörse
baga (m)	baka	Tasche
baga plastaig (m) *Tasche Plastik*	baka plastik	Plastiktüte
bocsa (m)	bochksa	Kiste

Cuin a a' dh' fhosglas a' bhùth?
kuin a ghosklas a wuu
wann (-) öffnen-werden das° Geschäft
Wann wird der Laden geöffnet sein?

Fosglaidh a' bhùth aig trì uairean.
foskli a wuu äk trii uathen
öffnen-werden das° Geschäft bei drei Stunden
Das Geschäft öffnet um drei Uhr.

Dè tha sibh ag iarraidh?
dschee ha schiiw ak iarri
was ist ihr bei Wollen
Was wollen Sie? / Was hätten Sie gern?

Bu toil leam rud-eigin an aghaidh nam meanbh-chuileagan.
bu toll läm rut-egin an a'i nam männaw-chullakan
wäre Wunsch mit-ich Ding-irgendein angesichts der[2] Mücken[2]
Ich hätte gerne irgendetwas gegen die Mücken.

Tha mi a' lorg ...
ha mi a lorrek ...
ist ich bei Suchen ...
Ich suche ...

A bheil ... agaibh?
a wäil ... akiw
FP ist ... bei-ihr
Haben Sie ...?

In die nebenstehenden Sätze können Sie einsetzen, was Sie suchen bzw. kaufen möchten.

Chunnaic mi ... anns an uinneag.
chunnik mi ... auns an unjak
sah ich ... in dem[3]° Fenster[3]
Ich habe ... im Schaufenster gesehen.

Ein schönes Mitbringsel sind handgearbeitete Schachfiguren aus Stein von der Insel Lewis, die nach Originalfundstücken aus der Wikingerzeit gearbeitet wurden. Die Tourismusinformation in Stornoway verrät, wo Sie sie bekommen. Handgestrickte Pullover können Sie häufig auch privat erwerben. Achten Sie einfach auf Schilder am Straßenrand, die auf Handarbeiten aufmerksam machen.

Chan e am fear sin, am fear ri thaobh!
chan e am fär schinn, am fär ri hüow
nicht°-ist es jenes Ding(m) jenes, das Ding(m) zu° (seiner-)Seite
Nicht das, das daneben!

An leithid seo?
an le'idsch scho
ein Solches dies
So etwas?

Tha mi eadar dà bheachd.
ha mi ätter daa weachk
bin ich zwischen zwei° Meinungen
Ich kann mich nicht entscheiden.

pàipear-naidheachd (m) *Papier-Nachricht*	paaichper-nai'achk	Zeitung
pàipear-naidheachd Gearmailteach (m) *Papier-Nachricht deutsch*	paaichper-nai'achk Gerremaltschach	deutsche Zeitung
peann (m)	peaun	Stift
pàipear-sgrìobhaidh (m) *Papier-Schreiben[2]*	paaichper-skriiwi	Briefpapier
leabhar (m)	ljo'or	Buch
briogais (w)	brikisch	Hose
brògan (w)	brookan	Schuhe
geansaidh (m)	genssi	Pullover
seacaid (w)	scheachkidsch	Jacket
lèine (w)	leene	Hemd
lèine T (w)	leene tii	T-Shirt
còta (m)	koochta	Mantel
deise (w)	dschesche	Anzug
ad (w)	att	Hut

fàinne (m/w)	faanje	Ring
fèile (m)	feele	Kilt
pìob (w)	piip	Dudelsack
fideag (w)	fidschak	Flöte
clàrsach (w)	klaarssach	Harfe
clàr (m)	klaar	CD
clò Hearadh *Stoff Harris*	kloo härragh	Harris-Tweed
fir taileisg *Männer Schach*[2]	fith talischk	Schachfiguren

Damit Sie auch schöne bunte Sachen kaufen können, hier die wichtigsten Farben:

dath (m)	da	Farbe
dathach	da'ach	farbig
dearg	dschärrak	rot
ruadh	ruagh	rostrot
gorm	gorrem	blau/blattgrün
liath	lia	grau-blau
glas	glass	grau
uaine	uanje	grün/türkis
geal	gäl	weiß
buidhe	bui'e	gelb
pinc	pink	rosa
dubh	du	schwarz
donn	daun	braun

A bheil seo agaibh ann an dath eile?
a wäil scho akiw aun an da äle
FP ist dies bei-ihr in (-) Farbe andere
Haben Sie das auch in einer anderen Farbe?

Bank

Die britische Währung Pound Sterling gilt auch in Schottland. Die schottischen Banken geben auch eigene Banknoten heraus. Diese schottischen Geldscheine werden südlich der Grenze nicht unbedingt gerne genommen, das englische Geld wird jedoch überall in Schottland akzeptiert.

Banken sind im Hochland relativ dünn gesät. Immer mehr Verbreitung finden die Geldautomaten. Auf Englisch nennt man diese „the hole in the wall“. Auf Gälisch sagt man:

an toll anns a' bhalla
an toull auns a walla
das Loch in der[3] ° Wand[3]
Geldautomat

Wo weder Bank noch Automat ist, kommt mehrere Male in der Woche der Bankbus. Bankbusse akzeptieren oft keine Schecks oder Kreditkarten. Daher können Sie dort Geld nur in bar tauschen.

Bu toil leam Eòro iomlaid gu pùnnd Albannach.
bu toll läm Eooro iumlidsch gu puunt Allepanach
wäre Wunsch mit-ich Euro Wechseln nach Pfund schottisch
Ich würde gerne Euro in schottische Pfund wechseln.

Geld & Bezahlen

Das Pfund Sterling hat übrigens nichts mit der schottischen Stadt Stirling zu tun. Der Begriff leitet sich von „Osterling“ ab. Damit wurde ursprünglich die Silberwährung der Hansestädte bezeichnet, die durch die engen Handelsbeziehungen bis London kam. Da dieses Silbergeld aus dem Osten kam, wurde es „Osterling“ genannt. Übrig blieb „Sterling“. Auch Silber mit einem bestimmten Reinanteil wird Sterling-Silber genannt.

Dè na tha sin?
dschee na ha schinn
was das ist jenes
Was macht das?

Dè tha sin a' cosg?
dschee ha schinn a kosk
was ist jenes bei Kosten
Was kostet das?

A bheil sibh a' gabhail càirt-chreidis/seic?
a wäil schiiw a ga'al kaarscht-chredisch/schäichk
FP ist ihr bei Nehmen Karte-Kredit/Scheck
Nehmen Sie Kreditkarten/einen Scheck?

not (m Ez)	nocht	(1) Pfund (Banknote)
notaichean (m Mz)	nochtichen	Pfund
sgillin (w)	skillin	Pence

Tha sin a' cosg not.
ha schinn a kosk nocht
ist jenes bei Kosten Note
Das kostet ein Pfund.

Tha sin ...
ha schinn ...
ist jenes ...
Das macht ...

Geben Sie Ihr schottisches Geld in Schottland aus. Wenn sie es in Deutschland zurücktauschen wollen, werden sie auf Banken oft angeschaut, als wollten Sie eine Währung vom Südpol einhandeln.

dà not *zwei° Note*	daa nocht	zwei Pfund
trì notaichean *drei Noten*	trii nochtichen	drei Pfund
aon not deug *eins° Note zehn*	üon nocht dschiak	elf Pfund
dà not dheug *zwei° Note zehn*	daa nocht jiak	zwölf Pfund
trì notaichean deug *drei Noten zehn*	trii nochtichen dschiak	dreizehn Pfund
fichead not *zwanzig Note*	fichet nocht	zwanzig Pfund

Der Gäle bezeichnet das Geld nur als (Bank-) Note, im Gälischen werden „Pence“ auch heute noch als „Schilling“ bezeichnet.

not ach sgillin
nocht ach skillin
Note aber Pence
99 Pence

dà not ach sgillin
daa nocht ach skillin
zwei° Note aber Pence
1,99 Pfund

not gu leth sgillin
nocht gu lä skillin
Note nach halb Pence
1,50 Pfund

naoi notaichean ach sgillin
nüoi nochtichen ach skillin
neun Noten aber Pence
8,99 Pfund

Nachdem wir den Preis vernommen haben, kann es durchaus sein, dass wir nichts mehr kaufen möchten. So hält man sein Geld zusammen.

Tha sin daor! **Tha sin ro dhaor.**
ha schinn düor ha schinn ro ghüor
ist jenes teuer *ist jenes zu° teuer*
Das ist teuer! Das ist zu teuer.

Mòran taing, ach chan eil mi ag iarraidh sin.
mooran taink, ach chan jäil mi ak iarri schinn
Vieles Dankes[2], aber nicht° ist ich bei Wollen jenes
Vielen Dank, aber das möchte ich nicht.

Bu toil leam sin, ach chan eil airgead gu leòr agam.
bu toll läm schinn, ach chan jäil ätheget gu leoor akam
wäre Wunsch mit-ich jenes, aber nicht° ist Geld U genug bei-ich
Ich hätte das gerne, aber ich habe nicht genug Geld (dabei).

Post

Die Poststellen in Schottland erkennt man an einem roten Schild mit der Aufschrift „post-office“ bzw. **oifis a' phuist**. Oft sind die Poststellen in die Lebensmittelgeschäfte integriert. Auf den Hebriden können Sie auf der Post Gälisch sprechen, oft werden aber Postgeschäfte auch in Englisch abgehandelt.

oifis a' phuist (w)	ofisch a fuscht	Post
Büro der[2]° Post[2]		
càirt phuist (w)	kaarscht fuscht	Postkarte
Karte postalisch		
litir (w)	lichtschith	Brief
stampaichean (m Mz)	stampichen	Briefmarken
bocsa litrichean (m)	bochksa lichtrichen	Briefkasten
Kasten Briefe		

Bu toil leam stampaichean don Ghearmailt.
bu toll läm stampichen don Jerremaltsch
wäre Wunsch mit-ich Briefmarken zu-dem[3]° Deutschland[3]
Ich hätte gerne Briefmarken für Deutschland.

Bu toil leam sin a chur don Eilbhis/don Ostair.
bu toll läm schinn a chur don Ällewisch/don Osteth
wäre Wunsch mit-ich jenes zu Schicken zu-die[3]° Schweiz[3] / zu-die[3]° Österreich[3]
Ich möchte dies nach Deutschland/in die Schweiz/nach Österreich schicken.

Telefon & Internet

Das klassische rote Telefonhäuschen ist auch in Schottland immer mehr durch „Glashauben“ ersetzt worden. Trotzdem findet man immer noch Telefonzellen, die völlig einsam in der Landschaft herumstehen, selbstverständlich funktionieren und in denen man sich anrufen lassen kann. Gerade in Gegenden, in denen der Mobilfunkempfang schlecht ist, sind sie oft der einzige Kontakt zur Außenwelt. Mobilfunknetze decken allerdings zunehmend immer größere Gebiete Schottlands gut ab.

Deutsche Mobiltelefone funktionieren auch in Schottland, auch auf den Hebrideninseln ist der Empfang ausgezeichnet. Im Hochland kann es durch die Berge zu großen Funklöchern kommen.

Telefon & telefonieren

A bheil fòn ann an-seo?
a wäil foon aun an-scho
FP ist Telefon in hier
Gibt es hier ein Telefon?

Chan eil am fòn-làimhe agam ag obrachadh.
chan jäil am foon-laaiwe akam ak obrachagh
nicht° ist das Telefon-Hand bei-ich bei Funktionieren
Mein Mobiltelefon funktioniert nicht.

Am faod mi am fòn agaibh a chleachdadh?
am füot mi am foon akiw a chleachkagh
FP dürfen ich das Telefon bei-ihr zu Benutzen
Darf ich Ihr Telefon benutzen?

fòn-làimhe (m)	foon-laaiwe	Mobiltelefon
Telefon-Hand[2]		
fòn (m)	foon	Telefon
bocsa fòn (m)	bochksa foon	Telefonzelle
Kasten Telefon		
leabhar fòn (m)	ljo'or foon	Telefonbuch
Buch Telefon		
cuir [a' cur] fòn gu	kuth [a kur] foon gu	telefonieren
àireamh fòn (w)	aathew foon	Telefonnummer
Nummer Telefon		
tog [a' togail] sìos	tok [a tokal] schiios	abnehmen
cuir [a' cur] sìos	kuth [a kur] schiios	auflegen

In Schottland meldet man sich am Telefon mit **Halò** *(Hallo!)*

Am faod mi fònadh?
am füot mi foonagh
FP dürfen-werden ich Telefonieren
Kann/darf ich mal telefonieren?

Halò, cò (a) tha (a') bruidhinn?
haloo, ko (a) ha (a) bri'in
hallo, wer (welcher) ist (bei) Sprechen
Hallo, wer spricht da?

Halò, seo Màiri .
haloo, scho Maathi
hallo, dieses Màiri
Hallo! Hier ist Mary.

Am faod mi bruidhinn ri Alasdair?
am füot mi bri'in ri Älisteth
FP dürfen-werden ich Sprechen zu Alasdair
Kann ich mit Alexander sprechen?

Chan eil Alasdair a-staigh.
chan jäil Älisteth e-stai
nicht° ist Alasdair drinnen
Alexander ist nicht da.

Fuirichibh mionaid!
futhichiw minadsch
wartet Minute
Einen Moment, bitte.

Feuchaidh mi a-rithist e.
fiachi mi a-ri'ischt ä
versuchen-werden ich wieder es
Ich rufe nochmal an.

Den besten Mobilfunkempfang hat man buchstäblich am Ende der Welt, wo man es nicht erwartet. Die Insel Lewis ist sehr flach und hatte seit Beginn des Mobilfunkzeitalters einen störungsfreien Empfang. Gott sei Dank haben Mobiltelefone eine Taste zum Abschalten.

Internet

eadar-lìon (m)	ätter-liin	Internet
zwischen-Netz		
post-dealain (m)	post-dschällan	E-mail
Post-Strom		
coimpiutair (m)	kompiuter	Rechner
luch (w)	luch	Maus
clò-bhualadair (m)	kloo-wualadeth	Drucker
Druck-Schläger		
foillsear (m)	foijlschar	Monitor
Enthüller		

Es gibt für die meisten Computerbegriffe auch ein gälisches Wort. Viele davon verstehen ältere Muttersprachler aber nicht. Unter jüngeren Leuten bzw. denen, die die Sprache auch gelernt haben, sind sie allerdings durchaus üblich.

A bheil cafaidh eadar-lìn an-seo?
a wäil kaffee ätter-liin an-scho
FP ist Café zwischen-Netz hier
Gibt es hier ein Internet-Café?

Bu toil leam coimhead air na puist-dealain agam.
bu toll läm koijet ä[th] na puscht-dschällan akam
wäre gut mit-ich Schauen auf die Post-Strom² bei-ich
Ich würde gerne meine E-Mails abrufen.

Fotografieren

Immer wieder beliebt ist der Klassiker „Mann im Kilt vor Burg“. Das Ganze am besten noch dudelsackspielenderweise. An vielen touristischen Sehenswürdigkeiten stehen solche Motive wie zufällig herum, und dann können Sie die Gelegenheit gerne nutzen. Achten Sie aber darauf, dass der Kilt eine ganz normale Festagskleidung und für einige Menschen auch Alltagskleidung ist.

Sie sollten in jedem Falle fragen, ob Sie von der betreffenden Person ein Foto machen dürfen. Filme sollten Sie von zu Hause mitbringen, da sie in Schottland sehr teuer sein können.

camara (m)	kamara	Fotoapparat
film dathach (m) *Film farbig*	fillem dahach	Farbfilm
film dubh is geal (m) *Film schwarz und weiß*	fillem du is geal	Schwarz-Weiß-Film
a' togail dealbh	a tokal dschällaw	ein Foto machen, fotografieren

Am faod mi dealbh a thogail dhiubh?
am füot mi dschällaw a hokal ju
FP dürfen ich Bild zu Nehmen von-ihr
Darf ich ein Bild von Ihnen machen?

Am b' urrainn dhuibh dealbh a thogail dhinn.
am burrinn ghuiw dschällaw a hokal jiin
FP wäre Fähigkeit zu-ihr Bild zu Nehmen von-wir
Könnten Sie ein Bild von uns machen?

Krank sein

In Schottland sprechen alle Ärzte Englisch. Mit den folgenden Phrasen können Sie sich aber weiterhelfen, bis der Arzt kommt. Wenn's nicht ganz so schlimm ist, finden Sie einfache Medikamente gegen Grippe, Schmerzen etc. in jedem Supermarkt.

Tha mi tinn.
ha mi tschiin
ist ich krank
Ich bin krank.

Dè tha ceàrr ort?
dschee ha keaar orscht
was ist falsch auf-du
Was fehlt dir?

Tha mi lag.
ha mi lak
bin ich schwach
Mir ist schwindelig./ Ich fühle mich schwach.

Tha mi leatromach.
ha mi lätroumach
ist ich schwanger
Ich bin schwanger.

Tha mo chas briste.
ha mo chass brischtsche
ist mein ° Bein gebrochen
Ich habe mir mein Bein (a.: Fuß) gebrochen.

Tha mi air cur a-mach.
ha mi äth kur a-mach
bin ich nach Tun heraus
Ich habe erbrochen.

Im Gälischen „hat" man keine Schmerzen, sondern Schmerzen sind „auf" (**air** äth) der betreffenden Person. Mit dem folgenden Mustersatz und der kleinen Tabelle kann man seine Befindlichkeiten ausdrücken.

Tha ... orm.	**Tha an cnatan orm.**
ha ... orrem	ha an krachtan orrem
ist ... auf-ich	*ist die Erkältung auf-ich*
Ich habe ...	Ich habe eine Erkältung.

an cnatan (m)	an krachtan	die Erkältung
an dèideadh (m)	an dscheedschagh	das Zahnweh
an tùchadh (m)	an tuuchagh	die Heiserkeit
an lòinidh (m)	an looni	das Rheuma
a' chuing (w)	a chuink	das Asthma
an grèim (m)	an greem	die Lungen-entzündung
tinneas an t-siùcair (m) *Krankheit des[2] Zuckers[2]*	tschinneas an tschuchketh	Diabetes
am fiabhras (m)	am fiawras	das Fieber
an casad (m)	an kasset	der Husten
an aileag (w)	an alak	der Schluckauf
pian (m Mz)	pian	Schmerzen
tinneas mara (m) *Krankheit Meeres[2]*	tschinneas mara	Seekrankheit
a' bhuineach (w)	a wuineach	der Durchfall

Wenn Sie ansonsten unpässlich sind, können Sie mit dem folgenden Satz und der Liste auf Ihre Pein aufmerksam machen. Sie müssen aus der Liste „Der Körper“ den bestimmten Artikel weglassen, und dürfen nicht vergessen, dass **mo** das folgende Wort leniert.

Tha mo cheann/mo dhruim goirt.
ha mo chjaun/mo ghruim gorscht
ist mein° Kopf/mein° Rücken weh
Mein Kopf/Rücken/Fuß tut weh.

Tha mo ... goirt.
ha mo ... gorscht
ist mein° ... schlecht
Mein .... tut weh.

Der Körper

an gàirdean (m) **[Mz: na gàirdeanan]**	an gaarschdschen [na gaarschdenen]	der Arm
an t-sùil (w) **[Mz: na sùilean]**	an tuul [na ssuulen]	das Auge
a' bhrù (w)	a wruu	der Bauch
a' chas (w) **[Mz: na casan]**	a chass [na kassan]	das Bein; der Fuß
am broilleach (m)	am broiljach	die Brust (Brustkorb)
a' chìoch (w)	a chiioch	die Brust (weibliche)
am mionnach (m)	am minnach	der Darm
an uileann (w)	an ulan	der Ellenbogen
am meur (m) **[Mz: na meòirean]**	am miar [na meoothen]	der Finger
an ìne (w) **[Mz: na h-ìnean]**	an iine [na hiinen]	der Finger-/ Zehennagel
an tòn (w)	an toon	das Gesäß
an aghaidh (w)	an a'i	das Gesicht
am falt (m Mz)	am falt	die Haare (Haupthaar)
an amhach (w)	an awoch	der Hals
an làmh (w)	an laaw	die Hand
an cridhe (m)	an kri'e	das Herz
an smiogaid (m)	an smiketsch	das Kinn
a' ghlùn (w) **[Mz: na glùinean]**	a ghluun [na gluunen]	das Knie
an cnàimh (m) **[na cnàimhean]**	an kraaw [na kraawen]	der Knochen
an ceann (m)	an keaun	der Kopf

an grùthan (m)	an gruuhan	die Leber
na bilean (w Mz)	na bilen	die Lippen
an sgamhan (m)	an skawan	die Lunge
an stamag (w)	an stamak	der Magen
am beul (m)	am bial	der Mund
an t-sròn (w)	an troon	die Nase
na dùbhagan (w Mz)	na duuwaken	die Nieren
a' chluas (w)	a chluas	das Ohr
[Mz: na cluasan]	[na kluassan]	
am bod (m)	am bott	der Penis
an druim (w)	an druim	der Rücken
am faighean (m)	am fai'an	die Vagina
am fiacal (m)	am fiachkal	der Zahn
[Mz: na fiaclan]	[na fiachklen]	
an òrdag (w)	an oordak	der Zeh
[Mz: na h-òrdagan]	[na hoordakan]	der Zeh
an teanga (w)	an tschänga	die Zunge

Feumaidh mi …
feemi mi …
bedürfen ich …
Ich brauche …

In diesen Satz können Sie die folgenden Begriffe unverändert einfügen:

fiaclair (m)	fiachkleth	Zahnarzt
dotair (m)	dochteth	Doktor
carbad-eiridinn (m)	karrebat-ethidschinn	Krankenwagen
taigh-eiridinn (m), **ospadal (m)**	tai-ethidschinn ospatal	Krankenhaus
bùth-chungaidhean (w) *Geschäft-Apotheke*	buu-chungi'en	Apotheke
acainn (w)	achkinn	Salbe
pilichean (m Mz)	pillichen	Tabletten
leighas (m)	lee'ass	Medizin
pùdar (m)	puuder	Puder
leighas-fuasglaidh (m) *Medizin-Lösen*^{2}	lee'ass-fuasgli	Abführmittel
leighas-casad (m) *Medizin-Husten*^{2}	lee'ass-kassat	Hustensaft
plàst (m)	plaast	Pflaster
bann (m)	baun	Verband
òrdugh-cungaidh (m) *Bestellung-Medizin*	oordu-chungi	Rezept

Jetzt wird alles wieder gut.

A bheil thu nas fheàrr?
a wäil u naschaar
FP ist du mehr gut
Geht es dir besser?

Tha mi ceart gu lèor.
ha mi kärscht gu leoor
ist ich richtig U genug
Ich bin in Ordnung.

Fhuair mi snathad.
huath mi sna'at
bekam ich Nadel
Ich habe eine Spritze bekommen.

Hygiene

bruis-chinn (w)	brusch-chiin	Bürste
Bürste-Kopf[2]		
acainn (w)	achkenn	Creme, Lotion
tubhailt (w)	tuwaltsch	Handtuch
cìr (w)	kiith	Kamm
neapaigean pàipeir (m)	neachpigen paaichpeth	Papiertaschentuch
Tuch Papier[2]		
beàrr-sgian (m)	beaar-skian	Rasierapparat
Rasieren-Messer		
bèarr [a' bearradh]	beaar [a bearragh]	rasieren
lannan do bheàrr-sgian (m)	lannan do weaar-skian	Rasierklinge
Klingen zu° Rasieren-Messer		
siosar (m)	schisser	Schere
siabann (m)	schipan	Seife
siabann-fuilt (m)	schipan-fuultsch	Shampoo
Seife-Haar[2]		
stùpaid (w)	stuuchpitsch	Tampon
pàipear-tòin (m)	paaichper-ton	Toilettenpapier
Papier-Hintern[2]		
badan (m)	batan	Windel (Baby-)
a' bruiseadh fhiaclan	a bruschagh fiachklan	Zähne putzen
bei Bürsten Zähne		
uachdar-fhiaclan (m)	uachker-iachklan	Zahnpasta
Creme-Zähne[2]		
bruis-fhiaclan (w)	brusch-iachklan	Zahnbürste
Bürste-Zähne[2]		

Rauchen

Das Rauchen in öffentlichen Gebäuden und Flughäfen ist nicht gestattet, und in der Landschaft sollte man wegen der Brandgefahr sehr vorsichtig sein. Es versteht sich von selbst, dass man die Kippen nicht in der Gegend herumschnippt.

Kettenraucher sollten sich überlegen, ob sie nach Schottland fahren. In fast keinem anderen Land sind Zigaretten teurer als hier. Aus diesem Grund lässt sich auch nicht so schnell eine Zigarette schnorren wie bei uns. Es ist einfach zu teuer. In Restaurants ist – während die Gäste speisen – das Rauchen nicht gestattet. Gute Häuser haben einen Rauchersalon, in dem man nach dem Essen einen Kaffee oder Digestif zu sich nimmt oder eine Zigarette. In Kneipen darf (noch) geraucht werden, das gilt auch für die Lounge Bars der Hotels. Allerdings sollte man dort auch Rücksicht auf speisende Gäste nehmen.

Wer's gar nicht lassen kann, fragt vorsichtshalber:

Am faod mi smocadh an-seo?
am füot mi smochkegh an-scho
FP dürfen-werden ich Rauchen hier
Darf ich hier rauchen?

Sollte die Antwort lauten **faodaidh** füoti (ja) ist alles in Ordnung. Andernfalls stecken Sie die Packung wieder weg und können Folgendes sagen:

Tha mi duilich, cha robh fhios agam.
ha mi dullich, cha ro iss akam
ist ich bedauerlich, nicht° war Wissen bei-ich
Tut mir Leid, das wusste ich nicht.

Toilette

Die Toiletten in Großbritannien funktionieren etwas anders als bei uns. Wenn Sie abziehen möchten, sollten Sie den entsprechenden Hebel sehr kräftig herunterdrücken, sonst kommt nämlich nichts. Im Allgemeinen sind öffentliche Toiletten sauberer als bei uns. Selbst in den entlegensten Regionen findet sich mit Sicherheit neben einer Sehenswürdigkeit auch eine vernünftige Toilette, meistens sogar behindertengerecht.

Auf den Inseln können Kneipen-Toiletten auch gälisch beschriftet sein. Auf den Türen steht **M** und **F**. Das heißt mitnichten „Male" und „Female", sondern **Mnathan** mrahan (Frauen) und **Fir** fith (Männer). Also schön aufpassen, auch nach dem 5. Pint!

Càite a bheil an taigh-beag?
kaatsch a wäil an tai-bäk
wo (-) ist das Haus-klein
Wo ist die Toilette?

Chan eil pàipear-tòin ann.
chan jäil paaichper-ton aun
nicht° ist Papier-Hintern da
Es gibt kein Toilettenpapier.

Schimpfen & Fluchen

Schimpfen & Fluchen sollte man in einer fremden Sprache nur sehr bedingt. Aber manchmal gibt es Situationen, in denen es weiterhilft. Hier einige allgemein verträgliche Ausdrücke für brenzlige Situationen. Die richtig kräftigen lernen Sie ohnehin am besten in einer Gaststätte Ihres Vertrauens.

Cac!	kachk	Scheiße!
Daingead!	dainget	Verdammt!
Òinsich! *Blöde*	oonschich	Blöde Ziege!
Amadain!	amadan	Idiot!
Dearg amadain! *roter Idiot*	dschärrak amadan	Vollidiot!
Thalla a bhallgair!	halla a wallaga[th]	Verschwinde, du Sack!
Mach a-seo!	mach a-scho	Raus hier!
Pòg mo thòn! *küss mein° Hintern*	poog mo hoon	Leck mich am Arsch!
Fan sàmhach! *bleib leise*	fan ssaawach	Halt die Klappe!
O mo chreach! *oh mein° Ruin*	o mo chreach	Um Gottes Willen!

Tha thu gam chur drol.
ha u gam chur droull
ist du bei-mein° Tun unangenehm
Du hängst mir zum Hals raus. /
Du langweilst mich.

Literaturhinweise

Die hier genannten Bücher/Schriften sind nicht über den Reise Know-How Verlag erhältlich!

Wer jetzt nicht mehr schlafen kann, bis er Schottisch-Gälisch fließend beherrscht – bitte keine Pillen nehmen, sondern folgende Bücher:

Bezugsmöglichkeit aus Schottland für Bücher und CD's mit traditioneller Musik:

●**Comhairle nan Leabhraichean – The Gaelic Book Council,** 22 Mansfield Street, Glasgow
online-Bestellung über: www.gaelicbooks.net

Lehrmaterial

●**Teach Yourself Gaelic,** von Boyd Robertson und Ian Taylor, Hodder & Stoughton, London 1999-2004, ISBN0-340-55923-3 *(mit Audiokassetten)*

●**Speaking our Language,** Richard Cox u. a., Cànan 1993, ISBN 1-897873-01-8 *(ein populärer Fernsehkurs mit Büchern, Audio- und Videokassetten)*
online-Bestellung über: www.canan.co.uk

Grammatik

●**Cothrom ionnsachaidh,** Ronald Black, University of Edinburgh, 1997 ISBN 0-9069-8133-6 *(mit Audiokassetten, sehr ausführlich)*

Taschen-Lexikon für Anfänger

●**Abair Faclair,** Englisch-Gälisch/Gälisch-Englisch, Gairm Publications

Gälischkurse in Deutschland

●**schottisch-gaelisch.de**
Postfach 7665, 53113 Bonn
Tel. 0171-8981105, Fax: 0228-234018
Internet: www.schottisch-gaelisch.de
E-mail: info@schottisch-gaelisch.de

Gälischkurse in Schottland (Sommer-Ferienkurse)

- **Sabhal Mòr Ostaig**
Slèite, an t-Eilean Sgitheanach
IV44 8RQ
Tel: 0044-(0)1471-888000
oder unter: www.smo.uhi.ac.uk

traditionelle Musik- und Liederkurse in Schottland

- **Ceòlas**
Dalabrog, Uibhist a Deas
HS8 5SS
Telefon/Fax: 0044-(0)1878-700154
Internet: www.ceolas.co.uk
E-mail: info@ceolas.co.uk

Zeitschrift

- **Cothrom** ist ein zweisprachiges Magazin (Gälisch-Englisch), welches sich an Gälischlernende wendet und Informationen über die gälische Welt bereithält. Herausgeber ist:
Cli Gàidhlig - der Interessenverband der Gälischlernenden, Tùr a Tuath, an Caisteal, Inbhir Nis, IV2 3EE
Tel: 0044-(0)1463-226710
oder unter: www.cli.org.uk

Online-Ressourcen zum Weiterlernen

- **www.akerbeltz.com**
Die mit Abstand professionellste Seite im Netz zu Grammatik, Lautsystem, Aussprache (mit Hörbeispielen!)

- Gälisches Radio können Sie über das Internet hören: **www.bbc.co.uk/alba**

Wörterliste Deutsch – Gälisch

Die Wörterlisten enthalten jeweils etwa 750 Wörter, die einen soliden Grundwortschatz darstellen. Vokabular, das besser in den einzelnen Kapiteln gefunden werden kann, ist hier nicht immer aufgenommen.

Die **Lautschrift** *wird grundsätzlich angegeben und ist in den Wörterlisten grau dargestellt.*

Hauptwörter
Das grammatische Geschlecht wird bei weiblichen Hauptwörtern durch „(w)“, bei männlichen durch „(m)“ gekennzeichnet. In eckigen Klammern wird der 2. Fall angegeben, wenn er unregelmäßig ist, unregelmäßige Mehrzahlformen stehen auch in eckigen Klammern, jedoch mit dem Hinweis „Mz“.

Eigenschaftswörter
In eckigen Klammern steht die Steigerungsform.

Verben
In eckigen Klammern steht das Tätigkeitshauptwort. Das, was ggf. nach den eckigen Klammern folgt, gehört sowohl zum Verb als auch zum Tätigkeitshauptwort. Die Liste unregelmäßiger Verben befindet sich auf Seite 38.

Lenierung
Wörter, die Lenition auslösen, sind mit ° gekennzeichnet.

A

Abend feasgar (m) fäsker

Abendessen sùipear (m) suichper

aber ach ach

abfahren falbh [a' falbh] fallaw [a fallaw]

abreisen (abfahren) falbh [a' falbh] fallaw [a fallaw]

abschleppen cuir [a' cur] air falbh ku^th [a kur] ä^th fallaw

Adresse seòladh (m) schoolagh

Alkohol alcol (m) alkol

allein le ... *(+ pers. Fürwort)* fhèin lä ... heein

alles a h-uile rud a hulle rut

als (zeitl.) nuair a nua^th a

als (Vergleich) na na

alt (nicht jung) aosda [aosda] üosda [üosda]

alt (nicht neu) sean [sine] schenn [schine]

Alte(r) bodach (m) bodach, cailleach (w) kaljach

Alter (Lebens-) aois (w) üosch

Andenken cuimhneachan (m) kuineachan
anfangen tòisich [a' tòiseachadh] too-schich [a tooschachagh]
Angestellte(r) clèireach (m) kleerach
Angst eagal (m) ekal
anhalten stad [a' stad] stat [a stat]
ankommen ruig [a' ruigsinn] ruk [a rukschin]
Antwort freagairt (w) fräkarscht
antworten freagair [a' freagairt] fräkar [a fräkarscht]
Apotheke bùth-chungaidhean (w) buu-chungi'en
arbeiten obraich [ag obair] oprich [ak oper]
Arbeiter(in) obraiche (m) opriche
arm bochd [bochda] bochk [bochka]
Arzt dotair (m) dochteth
auch cuideachd kudschachk
auf air äth
aufhören sguir [a' sguir] skuth [a skuth]
aufstehen èirich [ag èirigh] eethich [ak eethi]
aufwachen dùisg [a' dùsgadh] duuschk [a duusgagh]
aus à a
Ausgang slighe a-mach (w) schli'e a-mach
ausgezeichnet sgoinneil [sgoinneil] skonneil [skonneil]
Auskunft fiosrachadh (m) fissrachagh
Ausland dùthaich chèin (w) duuich cheen
Ausländer cèineach (m) keenach
ausländisch cèin keen
Aussprache blas (m) blass
aussteigen (z. B. Bus) fàg [a' fàgail] faak [a faakel]
Ausstellung taisbeanadh (m) taschbänagh
Ausweis cead-siubhail (m) kett-schual
ausziehen (etw.) cuir [a' cur] dheth kuth [a kur] jä
Auto càr (m) kaar
Autowerkstatt garaid (w) garitsch

B

Badeanzug deise-snàmh (w) dscheesche-snaaw
baden snàmh [a' snàmh] snaaw [a snaaw]
Badezimmer rùm-ionnlaid (m) ruum-iunlätsch
Bahnhof stèisean (m) steeschen
bald a dh'aithghearr a ghaichjar
Bank (Geld) banca (m) banka
Bargeld (Geld) airgead (m) ätheget
bauen tog [a' togail] tok [a tokal]
Bauer tuathanach (m) tua'anach
Baum craobh (w) krüow
beeilen, sich cuir [a' cur] cabhag air kuth [a kur] kafak äth
beenden crìochnaich [a' crìochnachadh] kriiochnich [a kriiochnachagh]
begrüßen (jem.) cuir [a' cur] fàilte air *(+ Person)* kuth [a kur] faaltsche äth
bei aig äk

Beispiel eisimpleir (w) äschimpläth

benachrichtigen cuir [a' cur] fios air kuth [a kur] fiss äth

Benzin peatrol (m) pätrol

Berg beinn (w) bäin

Beruf dreuchd (m) driachk

berühmt ainmeil [ainmeil] ännemel [ännemel]

beschweren, sich gearan [a' gearan] gärran

besichtigen tadhail [a' tadhal] air tahel [a tahel] äth

besser nas fhèarr naschaar

bestellen cuir [a' cur] a-steach òrdugh kuth [a kur] a-schtscheach oordu

Bestellung òrdugh (m) oordu

besuchen cèilidh [a' cèilidh] air *(+ Person)* keeli [a keeli] äth

Bett leabaidh [leapa] (w) läpi [läpa]

Bettzeug aodach-leapa (m) üotach-läpa

bevor mus muss

bezahlen pàigh [a' pàigheadh] päi [a pä'agh]

Bier leann (m) leaun

Bild dealbh (m) dschällaw

billig saor [saoire] süor [süothe]

bis (damit, um zu) gus guss

bisschen rud beag rut bäk

Blatt (Papier/Baum) duilleag (w) duljak

bleiben (auch wohnen) fuirich [a' fuireach] futhich [a futhach]

Bleistift peansail (m) penssil

Blume flùr (m) fluur

Boot bàta (m) baata

Botschaft (dipl.) ambasaid (w) ambassidsch

Brand teine (w) tschänne

Brauch (Tradition) cleachdadh (m) kleachkagh

brauchen cleachd [a' cleachdadh] kleachk [a kleachkagh]

breit leathann lähan

brennen loisg [a' losgadh] loschk [a loskagh]

Brief litir [litreach] (w) lichtschith [litrach]

Briefmarke stampa (m) stampa

Brille speuclairean (m Mz) spiachklathan

bringen (mitbringen) thoir [a' toirt] le hooth [a torscht] lä

bringen nach thoir [a' toirt] gu hooth [a torscht] gu

Brot aran (m) arran

Brücke drochaid (w) drochitsch

Brust (weibl.) cìoch (w) kiioch

Brust(korb) broilleach (m) broiljach

Buch leabhar (m) ljo'or

Buchstabe litir (w) lichtschir

bunt dathte dachtsche

Burg dùn (m) duun

Büro oifis (w) offisch

Bus bus (m) bass

C

Chauffeur draibhear (m) draiwer

Chef ceannard (m) keannarscht

D

da an-sin an-schinn
Dach mullach (m) mullach
damit (um zu) gus guss
danach an uair sin, an dèidh sin an ua^th schin, an dschäi schin
danke tapadh leat, leibh tachpa lät, läiw
danken thoir [a' toirt] taing do° *(+ Person)* hoo^th [a torscht] taing do
dann an uair sin an ua^th schinn, an dèidh sin an dschäi schinn
darum mar sin mar schinn
dass gu/gum/gun *(+ abhängige Verbform)* gu/gum/gun
Datum ceann-latha (m) keaun-la'a
dauern mair [a' maireann] ma^th [a ma^thenn]
denken smaoinich [a' smaoineachadh] smüonich [a smüoneachagh]
Denkmal clach-cuimhne (w) klach-kuine
deshalb mar sin mar schinn
deutsch Gearmailteach (m) Gerremaltschach
Deutsche(r) Gearmailteach (m) Gerremaltschach
Deutschland A' Ghearmailt (w) A Jeeremaltsch
Dialekt dual-chainnt (w) dual-chaintsch
dick tiugh tschiu
Diebstahl mèirle (w) meerle
dies sin schin
diese(r,s) am fear seo am fär scho, an tè seo an tschee scho
Ding rud (m) rut
Dokument(e) pàipear [-an] (m) paaichper [-an]
Dorf baile (m) balle
dort, dorthin an-sin an-schinn
dumm gòrach [gòraiche] goorach [gooriche]
dunkel dorch dorroch
dünn tana tanna
durch (hindurch) tro° troo
Durchfall a' bhuineach (w) a wuineach
dürfen faod füot
Durst pathadh (m) pa'agh
Durst haben tha am pathadh air *(+ Person)* ha am pa'agh ä^th

E

Ei ugh (m) [Mz: uighean] u [ui'en]
einander ri chèile ri cheele
einfach furasda [fhasa] furasta [assa]
Eingang slighe a-steach schli'e a-schtscheach
einige feadhainn, cuid fjooin, kutsch
einladen thoir [a' toirt] seachad cuireadh hoo^th [a torscht] seachat kuragh
Einladung cuireadh (m) kuragh
einmal aon turas üon turras
einsteigen (in den Bus) rach [a' dol] (air bus) rach [a doll] (ä^th bass)
eintreten thig [a' tighinn] a-steach hik [a tschihin] a-schtscheach
einverstanden aontaich [ag aontachadh] üontich [ak üontachagh]
Einwohner còmhnaiche (m) kooniche
Eis (Speise-) reòiteag (w) rootschak

Eisenbahn (Zug) rathad-iarrainn (m) ra'at-iaran, trèana (m) trään
Eltern pàrantan paarantan
empfehlen mol [a' moladh] moll [a mollagh]
Ende crìoch [crìche] (w) kriioch [kriiche]
eng caol [caoile] küol [küole]
englisch; Engländer(in) Sasannach Ssassanach
entscheiden cò-dhùnadh [a' cò-dhùnadh] ko-ghuunagh [a ko-ghuunagh]
Erde talamh [talmhainn] (w) talaw [talawin]
Ereignis tachartas (m) tachartas
Erfolg soirbheachas (m) ssorrewachas
erhalten faigh [a' faighinn] fai [a fai'in]
erholen, sich gabh [a' gabhail] fois gaw [a ga'al] fosch
erinnern, sich cuimhnich [a' cuimhneachadh] kuinich [a kuineachagh]
erkältet sein tha an cnatan air *(+ Person)* ha an krachtan äth
erklären mìnich [a' mìneachadh] minich [a mineachagh]
erlauben thoir [a' toirt] cead do° hooth [a torscht] kät do
Erlaubnis cead (m) kät
erzählen innis [ag innse] do° *(+ Person)* i'isch [ak iinsche] do
essen ith [ag ithe] ich [ak iche]
Etage urlar (m) urlar
etwa gu bhith gu wi
etwas rud-eigin rut-egin

F

Fabrik factoraidh (w) fachktori
Fähre bàta-aiseag (m) baat-aschäk
fahren draibh [a' draibheadh] draiw [a draiwagh]
Fahrkarte ticead (m) tichket
Fahrpreis prìs (w) priisch
Fahrrad rothair (m) roheth
falsch ceàrr keaar
Familie teaghlach (m) tschealach
Familienname sloinneadh (m) slonjagh
Farbe dath (m) da
faul (träge) leisg [leisge] läschk [läschke]
faul (Obst) grod grot
Fehler mearachd (w) märrachk
Feier cèilidh (w) keeli
Feld, Acker achadh (m) achagh
Fenster uinneag (w) unnjak
Ferien saor-làithean (m Mz) süor-lai'en
fern fad às fat ass
Fernsehgerät inneal telebhisein (m) inneal telewischen
fertig deiseil dscheschel
Fest fèis (w) feesch
feucht fliuch [fliche] fliuch [fliche]
Feuer teine (w) tschänne
Fieber fiabhras (m) fiawras
Film fiolm (m) fillem
finden faigh [a' faighinn] fai [a fai'in]
finden lorg [a' lorg] lorrek [a lorrek]
Fisch iasg [èisg] (m) iask [eeschk]
Flasche botal (m) bochtal

Fleisch feòil [feòla] (w) feool [feoola]
fleißig trang [trainge] trang [trainge]
fliegen itealaich [ag itealaich] itschalich [ak itschalich]
Flughafen port-adhair (m) porscht-ahe^th
Flugticket ticead plèana (m) tichket pleena
Flugzeug itealan (m) ichtschalan, plèana (m) pleena
Fluss abhainn [aibhne] (w) auin [aine]
Formular bileag (w) bilak
Fotoapparat camara (m) kamara
fotografieren tog [a' togail dealbh] tok [a tokal dschällaw]
Frage ceist (w) käscht
fragen, erfragen (von jem.) faighnich [a' faighneachd] de *(+ Person)* fainich [a faineachk] dschä
Frau boireannach (m) bo^th ennach
frei saor [saoire] ssüor [ssüo^th e]
fremd gallda gaullta
freuen, sich bi toilichte bi tollichtsche
Freund(in) (intim) bràmair (m) braame^th
Freund (allg.) caraid (m) karitsch
Freundin (allg.) ban-charaid (w) bana-charitsch
freundlich (zu jem.) càirdeal (ri + *Person*) [càirdeile] kaardschel (ri) [kaardschele]
Freundschaft càirdeas (m) kaarschdschess
Frieden sìth (w) schii
frisch (Obst) ùr [ùire] uur [uu^th e]
fröhlich sona [sona] ssona [ssona]
Frucht meas (m) mäss
früh tràth [tràithe] traa [traaie]
Frühstück bracaist (w) brachkischt
frühstücken gabh [a' gabhail] bracaist gaw [a ga'al] brachkischt
fühlen, sich fairich [a' faireachdainn] fa^th ich [a fa^th eachkin]
für airson ärsson
fürchten, sich (vor) tha eagal air *(+ Person)* ha äkal ä^th

G

Gabel forc (w) forrek
ganz (nicht kaputt) slàn slaan
Garten gàrradh (m) gaarragh
Gas gas (m) gas
Gast aoigh (m) üoi
Gastfreundschaft aoigheachd (w) üoiachk
Gastgeber/-in fear/bean an taighe (m) fär/bän an tähe
Gaststätte taigh-òsda (m) tai-oosta
Gebäude togalach (m) tokalach
geben thoir [a' toirt] do° hoo^th [a torscht] do
Gebühr càin (w) kaan
Geburtstag cò-latha breith (m) koo-la'a bree
gefährlich cunnartach [cunnartaich] kunnarschtach [kunnarschtich]
gefallen còrd [a' còrdadh] ri koorschd [a koorschdagh] ri
Gefängnis prìosan (m) priissan
Gefäß poit (w) poichtsch
gegen an aghaidh *(+ 2. Fall)* an a'i

Gegend sgìre (w) skiithe
gegenüber air beulaibh *(+ 2. Fall)* äth beelu
gehen coisich [a' coiseachd] kooschich [a koschachk]
Geld airgead (m) ätheget
Gemüse glasraich (w) glassrich
gemütlich comhfhurtail koo'urschtal
genau mionaideach [mionaidich] minnatschach [minnatschich]
genug gu leòr gu leoor
geradeaus dìreach dschiithach
Geschäft (Tätigkeit) gnothach (m) gro'ach
Geschäft (Laden) bùth [bùtha] (w) buu [buu'a]
Geschenk tiodhlag (w) tschiolagh
Geschichte (Historie) eachdraidh (w) eachdri
Geschichte (Erzählung) sgeul [sgeòil] (w) skial [skeool]
Gesetz lagh (m) lagh
Gespräch còmhradh (m) kooragh
gestern an-dè an-dschee
gesund fallainn [fallainn] fallain [fallain]
Gesundheit slàinte (w) slaantsche
Getränk deoch (m) dschoch
Gewitter tàirneanaich is dealanaich (m), doinnean (w) taarneanich is dschälanich, donnean
Gewürz spiosradh (m) spiisrach
Glas (Trink-) glaine (w) glanje
Glas (Material) gloine (w) glonje
glauben creid [a' creidsinn] krädsch [a krädschin]
Glück fortan (m) foorschtan
glücklich toilichte [toilichte] tollichtsche [tollichtsche]
Gold òr [òir] (m) oor [ooth]
Gott Dia (m) Dschia
Grammatik gràmar (m) graamar
Gras feur [feoir] (m) fiar [feooth]
Grenze crìoch [crìche] (w) kriioch [kriiche]
groß mòr [motha] moor [mo'a]
Großmutter seanmhair (w) schännewer
Großvater seanair (m) schänner
Hand làmh [làimhe] (w) laamw [laaiwe]**Größe (Kleidung u. ä.)** meud (m) meet
Gruppe buidhnean [buidhne] (w) buinen [buine]
grüßen (jem.) cuir [a' cur] fàilte air *(+ Person)* kuth [a kur] faaltsche äth
gut [besser] math [fèarr] ma [faar]

H

Hafen port (m) porscht
Hälfte leth (m) lä
halten cùm [a'cumail] kum [a kumal]
Haltestelle àite-stad (m) aatsche-stat
Hand làmh [làimhe] (w) laamw [laaiwe]
Handel malairt (w) malarscht
Handtuch tubhailt (w) tuwaltsch
hart cruaidh [cruaidhe] kruai [krua'ie]
Haus taigh (m) tai
Hausfrau bean-taighe

(w) bän-tähe
heben tog [a' togail] tok [a tokal]
Heftpflaster plàst [plàsta] (m) plaast [plaasta]
heiß teth [teotha] tschä [tscho'a]
helfen cuidich [a' cuideachadh] kudschich [a kudschachagh]
herzlich cridheil [cridheile] kri'el [kri'ele]
heute an-diugh an-dschiu
hier an-seo an-scho
Hilfe cuideachadh (m) kudschachagh
hinter air cùlaibh *(+ 2. Fall)* äth kuulu
hoch àrd [àirde] aarschd [aarschdsche]
Hochzeit bannais [bainnse] (w) bannisch [bainsche]
hoffen tha mi an dòchas gu *(+ abhäng. Verbform)* ha mi an doochass gu
höflich modhail [modhaile] moghel [moghel]
hören cluinn [a' cluinntinn] kluin [a kluintschin]
Hotel taigh-òsda (m) tai-oosta
Hunger acras (m) achkras

I

immer daonnan düonan
in (zeitlich) ann an/am aun an/am
in (örtlich) ann an/am aun an/am
Information fiosrachadh (m) fissrachagh
Insel eilean (m) ällan
interessant inntinneach [inntinnich] iintschiinach [iintschiinich]
interessieren, sich (für) *(„ist Interesse bei Person auf Sache")* tha ùidh aig *(Person)* air *(Sache)* ha uui äk … äth …
international eadar-nàiseanta ätter-naaschenta

J

Jahr bliadhna (w) bliana
Jahreszeit aimsir (w) ameschith
jährlich bliadhnail blianal
jeder gach aon gach üon
jedesmal gach turas gach turras
jemand cuideigin kudschegin
jetzt a-nis a-nisch
Journalist neach-naidheachd (m) neach-naiachk
jung òg [òige] oog [ooige]
Junge balach (m) ballach

K

kalt fuar [fhuaire] fuar [uathe]
kaputt briste brischtsche
Karte cairt (w) kaarscht
kaufen ceannaich [a'ceannachd] keannich [a keannachk]
kennen aithnich [ag aithneachadh] änjich [ak änjachagh]
Kind clann [cloinne] (w Mz) klaun [kloinnje]
Kino taigh-dhealbh (m) tai-jällaw
Kirche eaglais (w) äklisch
Kleidung aodach (m) üotach
klein beag [lugha]

bäk [lugha]
klug glic [glice] glichk [glichke]
Kneipe taigh-seinnse (m) tai-schäinnsche
kochen (etw.) bruich [a bruich] bruich [a bruich]
Koffer màlaid (w) maalidsch
kommen thig [a' tighinn] hik [a tschi'in]
kompliziert doirbh [doirbhe] dothew [dothewe]
Kondom casgan (m) kaskan
können 's urrainn do° (+ Person) ssurrinn do
Konzert cuirm-ciùil (m) kurrem-kiuul
kosten (probieren) feuch [a' feuchainn] fiach [a fiachin]
kosten (Preis) cosg [a' cosgadh] kosk [a koskagh]
kostenlos an-asgaidh an-aski
krank tinn [tinne] tschiin [tschinje]
Krankenhaus ospadal (m) ospatal
Krankheit tinneas (m) tschinneas
kühl fuar [fhuaire] fuar [uathe]
Kühlschrank fuaradair (m) fuaradeth
Kunst ealan (w) ealan
kurz goirid [giorra] gothitsch [girra]
küssen thoir pòg do° hooth pook do

L

Lampe lampa (m/w) lampa
Land dùthaich [dùthcha] (w) duu'ich [duu'cha]
Landkarte mapa (m) machpe, dealbh-dùthcha (m) dschällaw-duucha
lang (Entfernung) fada [fhaide] fata [adsche]
lang(e) (Zeit) fada [fhaide] fata [adsche]
langsam slaodach [slaodaiche] slüotach [slüotiche]
laufen, rennen ruith [a' ruith] rui [a rui]
laut àrd [àirde] aarschd [aarschdsche]
Leben beatha (m) bäha
leer falamh [falaimhe] falaw [falaiw]
legen laigh [a' laighe] lai [a laie]
Lehrer(in) tidsear (m) tidscher
leicht (nicht schwer) aotrom [aotroime] üotrom [üotrome]
lernen ionnsaich [ag ionnsachadh] iunsich [ak iunsachagh]
lesen leugh [a' leughadh] lee [a leewagh]
Leute daoine (m Mz) düonje, muinntir (w) munntschith
Licht solas (m) ssollass
Lied òran (m) ooran
liegen laigh [a' laighe] lai [a laie]
links clì klii
Loch toll (m) taull
Löffel spàin (w) spaan
Lohn, Gehalt turasdal (m) turastal
lügen innis [ag innse] breug i'isch [ak iinsche] briak
lustig èibhinn [èibhinne] eewin [eewinje]

M

machen dèan [a' dèanamh]

dscheean
[a dscheeanaw]
Mädchen nighean (w)
ni'en
malen peant
[a' peantadh]
pänt [a päntagh]
manchmal uaireannan
uuthanan
Mann duine (m) dünje
Markt margadh (m)
maragagh
Medikament leigheas-chungaidhean (m)
lei'as-chungi'en
Meer muir [mara] (w)
muuth [marra]
mehr tuilleadh tuiljagh
Mensch duine (m) dünje
merken, sich cuimhnich [a' cuimhneachadh] air° kuinich [a kuineachagh] äth
Messer sgian [sgèine] (m) skian [skene]
Minute mionaid (w)
minnatsch
mit le lä
Mittagessen dìnnear [dìnnearach] (w)
dschiinear [dschiinearach]
Mittag meadhan-latha (m) mi'an-la'a
Mode fasan (m) fassan
möglich comasach [comasaiche]
kommassach [kommassiche]
Monat mìos [mìosa] (w)
miioss [miiossa]
morgen a-màireach
a-maathach
Morgen madainn [maidne] (w)
mattin [matnje]
Motor motar (m) motar
müde sgìth [sgìthe]
skii [skii'e]
Müll sgudal (m) skudal
Museum taigh-tasgaidh (m) tai-taski
Musik ceòl [ciùil] (m)
keool [kiuul]
müssen feumaidh feemi
Mutter màthair (w)
maaheth

N

nach (Richtung) gu, a°, do° gu, a, do
nach (Zeit) an-dèidh
an-dschäi
Nachmittag feasgar (m)
fäsker
Nachricht naidheachd (w) nai'achk
nächstes Mal an ath-thuras an a-hurrass
Nacht oidhche (w) oiche
nackt lom loum
Nadel snathad (w)
sna'at
nah faisg [fhaisge]
faschk [aschke]
Name ainm (m) änem
nass fliuch [fliche] fliuch [fliche]
Natur nàdar (m) naater
natürlich (nicht künstl.) nàdarrach [nàdarraiche]
naaterrach [naaterriche]
neben ri taobh *(+ 2. Fall)* ri tüow
nehmen gabh [a' gabhail] gaw [a ga'al]
neu ùr [ùire] uur [uuthe]
nicht cha° cha, chan° *(vor Selbstlaut)* chan
nichts dad dat, sìon, schian, càil kal
niemals (in der Vergangenheit) riamh riaw
niemals (in der Zukunft) gu bràth gu braach
noch fhathast ha'ast
noch einmal a-rithist
a-ri'ischt
Norden tuath (m) tua
normal cumanta
kumanta
Nummer àireamh (w)
aathew

O

oben shuas huass
Obst measan (m) mässan
oder neo, no no
öffnen fosgail [a' fosgladh] foskal [a fosglagh]
oft tric [trice] trichk [trichke]
ohne gun° gun
Öl ola (m) ola
organisieren cuir [a' cur] air dòigh kuth [a kur] äth dooi
Ort àite (m) aatsche
Osten Ear (m) Äar
Österreich An Ostair (w) An Osteth
Österreicher(in) Ostaireach (m) Ostathach

P

Päckchen pacaid (w) pachkidsch
Paket pacaid (w) pachkidsch
Palast lùchairt (w) luucharscht
Papier pàipear (m) paaichper
Park pàirc (w) park
Pass cead-siubhail (m) kett-schual
Patient euslainteach (m) iaslaantschach
Pause fois fosch
Person neach neach
Pflanze lus (m) luss
Plan plana (m) plana
Platz ionad (m) inat
plötzlich gu h-obann gu hopan
Politik poileataigeachd (w) politigeachk
Polizei poileas (m) polles
Post(amt) oifis a' phuist (w) offisch a fuscht
Postkarte cairt-phuist (w) kaarscht-fuscht
Preis prìs (w) priisch
privat prìobhaideach priwadschach
Problem trioblaid (w) triblidsch
Programm prògram (m) proogram
Prospekt bileag (w) bilak
pünktlich pongail [pongaile] ponkal [ponkal]

R

Radiogerät rèidio (m) reedio
Rat comhairle (w) koohäthle
rauchen smoc [a' smocadh] smok [a smochkegh]
Raum rùm (m) ruum
rechnen cùnnt [a'cunntadh] kuunt [a kunntagh]
Rechnung cùnntas (m) kunntas
Recht reachd (m) reachk
rechts deas dschäss
reden labhairt [a' labhairt] lawarscht [a lawarscht]
Regen uisge (m) üschke
registrieren clàraich [a' clàradh] klaarisch [a klaarach]
reich beartach [beartaiche] bärschtach [bärschtschiche]
reif abaich [abaich] apich [apich]
Reise turas (m) turass
reisen siubhail [a' siubhal] schual [a schual]

reparieren caraich [a' caradh] karich [a karagh]
Restaurant àite-bidh (m) aatsche-bii
Rettungswagen carbad-eiridinn (m) karrabat-e^th^idschin
richtig ceart kärscht
roh amh [aimhe] aw [awe]
rückständig seann-fhàsanta schaun-assanta
rufen, schreien eugh [ag eughadh] eew [ak eewagh]
Ruhe tàmh (m) taaw

S

Sache rud (m) rut
sagen abair [ag ràdh] ape^th^ [ak raa]
Salz salann (m) ssallan
sammeln cruinnich [a' cruinneachadh] kruinnich [a kruineachagh]
Sand gainmheach (w) gänewach
satt làn [làine] laan [laan]
Satz (Grammatik) rosgrann (m) roskran
sauber glan [glaine] glan [glanje]
sauber machen glan [a' glanadh] glan [a glanagh]
sauer geur [gèire] giar [gee^th^e]
Schallplatte clàr (m) klaar
scharf geur [gèire] giar [gee^th^e]
Scheck seic (w) schechk
Schere siosar (m) schisser
schicken, senden cuir [a' cur] gu ku^th^ [a kur] gu
schießen loisg [a' losgadh] loschk [a loskagh]
Schiff long [luinge] (w) long [luinge]
schlafen cadail [a' cadal] katal [a katal]
Schlafzimmer rùm-cadail (m) ruum-katal
schlagen buail [a' bualadh] bual [a bulagh]
schlecht dona [miosa] donna [missa]
Schloss (Gebäude) lùchairt (w) luucharscht
Schlüssel iuchair [iuchrach] (w) iuchar [iuchrach]
schmackhaft blasda [blasda] blasta [blasta]
Schmerz pian (m) pian
schmutzig salach [salaiche] ssalach [ssaliche]
Schnaps (Whisky) uisge-beatha (m) üschke-bäha
schnell luath [luaithe] lua [luaie]
schon fhathast ha'ast, mu thràth mu raa
schön brèagha bri'a
schreiben sgrìobh [a' sgrìobhadh] skriiw [a skriiwagh]
Schuh bròg (w) brook
schuldig ciontach kiuntach
Schule sgoil (w) skol
Schüler(in) sgoilear (m) skoller
schwanger leatromach lätroumach
Schweiz An Eilbhis An Ällewisch
Schweizer(in) Eilbhiseach (m) Ällewischach
schwer (nicht leicht) trom [truime] troum [truime]
schwierig (nicht einfach) doirbh [doirbhe] do^th^ew [do^th^ewe]

schwimmen snàmh [a' snàmh] snaaw [a snaaw]
schwitzen cuir [a' cur] fallas ku^th [a kur] fallas
See loch [locha] (m) loch [locha]
sehen faic [a' faicinn] fächk [a fächkin]
Seide sìoda (m) ssiida
Seife siabann (m) schiapan
Seil ròpa (m) roochpa
sein (Verb) bi bi, is is
seit bho° wo
Seite (Richtung) taobh (m) tüow
selbst fhèin heein
setzen, sich dèan [a dèanamh] suidhe dscheean [a dscheeanaw] ssui'e
sicher sàbhailte ssaawiltsche
Sie (höfl. Anrede) sibh schiiw
Silber airgead ä^th eget
singen seinn [a' seinn] schäinn [a schäinn]
sitzen 'na shuidhe na hui'e
so ... wie cho ... ri cho ... ri
sofort gun dàil gun daal
Sohn mac (m) machk
Sonne grian [grèine] (w) grian [greene]
sparen sàbhail [a' sàbhaladh] ssaawal [a ssaawalagh]
spät anmoch [anmoich] ananmoch [anamich]
Speise biadh (m) biagh
Speisekarte clàr-bidh (m) klaar-bii
spielen cluich [a' cluich] kluich [a kluich]
Spielzeug dèideagan (m) dscheedschakan
Sport spòrs (m) spoors
Sprache cànan (m) kaanan
sprechen (mit jem.) bruidhinn [a' bruidhinn] ri bri'in [a bri'in] ri
Spritze snathad (w) sna'at
Stadt baile (m) balle
stark làidir [treasa] laadschi^th [trässa]
stehen seas [a' seasamh] schäss [a schässamw]
Stein clach [cloiche] (w) klach [na kloiche]
Stelle, Ort àite (m) aatsche
stellen, setzen, legen cuir [a' cur] ku^th [a kur]
sterben bàsaich [a' bàsachadh] baasich [a baasachagh]
Stimme guth (m) gu
Stoff clò (m) kloo
Strand tràigh [traghad] (w) traai [tra'at]
Straße rathad (m) ra'at
Streichhölzer lasaran (m) lassaren
streiten trod [a' trod] trot [a trot]
Stück pìos (m) piis
Student oileanach (m) ollanach
Stunde uair a thìde (w) ua^th a hiidsche
suchen lorg [a' lorg] lorrek [a lorrek]
Süden deas (m) dschäss
Summe suim (w) ssuim
Suppe brot (m) brocht
süß milis [milse] millisch [milsche]

T

Tabak tombaca (m) tombachka
Tablette pile (m) pille
Tag latha (m) la'a
täglich làitheal laaiel
Tal gleann [glinne] (m) gleaun [glinnje]

Tankstelle stèisean-peatroil (m) steeschen pätrol
tanzen (mit) danns [a' dannsadh] (còmhla ri + *Person*) dauns [a daunssagh] (koola ri)
Tasche màla (m) maala
Taxi tacsaidh (m) tachksi
Telefon fòn (m) foon
telefonieren fòn [a' fònadh] foon [a foonagh]
teuer daor [daoire] düor [düothe]
Theater taigh-chluich (m) tai-chluich
tief domhainn [doimhne] dooin [doine]
Tier beathach (m) beohach
Tochter nighean (w) nihen
Tod bàs (m) baas
Toilette taigh-beag (m) tai-bäk
Toilettenpapier pàipear-tòin (m) paaichper-ton
tot marbh marraw
töten marbh [a' marbhadh] marraw [a marrawagh]
Tradition tradaisean (m) tradischen
tragen giùlain [a' giùlan] guulan [a guulan]
traurig brònach [brònaiche] broonach [brooniche]
treffen (begegnen) coinnich [a' coinneachadh] ri (+ *Person*) konnich [a konneachagh] ri
Treppe staidhre [staidhreach] (w) staithe [stairach]
trinken òl [ag òl] ool [ak ool]
trocken tioram [tiorma] tschiram [tschirrema]
tschüss tìoraidh tschiiori
tun dèan [a' dèanamh] dscheean [a dscheeanaw]
Tür doras (m) dorras
Turm tùr (m) tuur

U

übermorgen an-earar an-ärer
übersetzen (Sprache) eadar-theangaich [ag eadar-theangachadh] ätter-hängich [ak ätter-hängachagh]
Uhr uaireadair (m) uathadeth
um airson ärsson
um zu ... airson ärsson
umtauschen iomlaid [ag iomlaid] iumlitsch [ak iumlitsch]
und agus ages, is is, 's s
Unfall tubaist (w) tupischt
Universität oilthigh (m) ollhai
unschuldig neo-chiontach no-chiuntach
unten shìos hiioss
unter fo° fo
Unterhaltung còmhradh (m) kooragh
unterrichten (lehren) teagaisg [a' teagasg] tschäkischg [a tschäkasg]
unterschreiben fo-sgrìobh [a' fo-sgrìobhadh] fo-skriiw [a fo-skriiwagh]
Urlaub saor-làithean (m Mz) ssüor-lai'en

V

Vater athair (m) aheth
verboten (sein) toirmisgte tothemischktsche

vergessen dìochuimhnich [a' dìochuimhneachadh] dschiiochuinich [a dschiiochuineachagh]
verkaufen reic [a' reic] reechk [a reechk]
verlieben, sich tuit [a' tuiteam] ann an gaol tuichtsch [a tuichtschem] aun an güol
verlieren (Dinge) caill [a' call] kall [a kaull]
Versicherung àrachas (m) aarachas
verspätet fadalach [fhadalaiche] fatalach [ataliche]
verstehen tuig [a' tuigsinn] tuk [a tugschinn]
versuchen feuch [a' feuchainn] ri fiach [a fiachin] ri
viel tòrr *(+ 2. Fall)* toor
vielleicht 's dòcha sdoocha
Vogel eun (m) een
Volk sluagh (m) sluagh
voll làn laan
von de dschä
vor ro° ro
vorher roimhe reue
Vormittag madainn [maidne] (w) mattin [matnje]
Vorname ainm baistidh (m) änam baschtschi
Vorwahlnummer còd ionadail (m) kot inadal

W

Wagen càr (m) kaar
wahr fìor fiir
während fhad 's a at ssa
Wald coille (w) koilje
Wand balla (m) balla
wandern coisich [a' coiseachd] kooschich [a koschachk]
wann? cuine? kuin
warm blàth [blaithe] blaa [blaie]
warten fan [a' fantainn] fann [a fanntin]
warum? carson? karsson
was? dè? dschee
waschen nigh [a' nighe] ni'e [a ni'e]
waschen, sich nigh [a' nighe] fhèin ni'e [a ni'e] heein
Wasser uisge (m) üschke
wecken dùisg [a' dùsgadh] duuschk [a duusgagh]
Weg slighe (w) schli'e
weiblich boireann bo^th^an
weil oir oo^th^
weinen glaodh [a' glaodh] glüogh [a glüogh]
welcher a a
wenn (als) nuair a nua^th^ a
wenn (falls) ma ma
wer? cò? ko
werden fàs [a' fàs] faas [a faas]
Westen an Iar (m) an iar
Wetter sìde [sìde] (w) schiidsche [schiidsche]
Whisky uisge-beatha (m) üschke-bäha
wichtig cudromach kutromach
wie? ciamar? kimmer
wieder a-rithist a-ri'ischt
wie viel? cia mheud? *(+ Ez)* ki wiat
Wind gaoth [gaoithe] (w) güo [na güoi'e]
wissen tha fios aig *(+ Person)* ha fiss äk
wo? càite? *(+ abhäng. Verbform)* kaatsch a
Woche seachdain [seachdaine] (w) scheachkin[seachkinje]
woher? cò às? ko ass
wohin? càite? *(+ abhäng. Verbform)* kaatsch a

wohnen fuirich [a' fuireach] fu^th^ich [a fu^th^ach]
Wohnung àras (m) aaras
wollen iarr [ag iarraidh] iarr [ak iarri]
Wort facal (m) fachkal
Wörterbuch faclair (m) fachkle^th^

Z

zahlen pàigh [a' pàigheadh] päi [a pä'agh]
Zahnarzt fiaclair fiachkle^th^
zeigen seall [a'sealltainn] schaull [a schaultin]
Zeit àm (m) aum
Zeitung pàipear-naidheachd (m) paaichper-naiachk
Zelt teanta (m) tänta
Zeltplatz làrach-campaidh (w) laarach-kampi
Zentrum (Stadt) meadhan a' bhaile (m) mi'an a walle
Zimmer seòmar (m) schoomer
zu (+ Eigenschaftswort) ri ri, do° do
zufrieden sona [sona] ssona [ssona]
Zug trèana (m) trään
zurück air ais ä^th^ asch
zusammen mit còmhla ri *(+ Person)* koola ri
zu viel cus kuss
zwischen eadar ätter

Wörterliste Gälisch – Deutsch

A

a dh'aithghearr a ghaichjar bald
a h-uile rud a hulle rut alles
à a aus
a a welcher
A' Ghearmailt (w) A Jeeremaltsch Deutschland
a' bhuineach (w) a wuineach Durchfall
a° a nach (Richtung)
abaich [abaich] apich [apich] reif
abair [ag ràdh] apeth [ak raa] sagen
abhainn [aibhne] (w) auin [aine] Fluss
ach ach aber
achadh (m) achagh Feld, Acker
acras (m) achkras Hunger
agus ages und
aig äk bei
aimsir (w) ameschith Jahreszeit
ainm (m) änem Name
ainm baistidh (m) änam baschtschi Vorname
ainmeil [ainmeil] ännemel [ännemel] berühmt
air äth auf
air ais äth asch zurück
air beulaibh *(+ 2. Fall)* äth beelu gegenüber
air cùlaibh *(+ 2. Fall)* äth kuulu hinter
àireamh (w) aathew Nummer
airgead (m) ätheget Geld, Bargeld; Silber
airson ärsson für, um, um zu ...
àite (m) aatsche Stelle, Ort
àite-bidh (m) aatsche-bii Restaurant
àite-stad (m) aatsche-stat Haltestelle
aithnich [ag aithneachadh] änich [ak änjachagh] kennen
alcol (m) alkol Alkohol
àm (m) aum Zeit
am fear seo am fär scho diese(r,s)
a-màireach a-maathach morgen
ambasaid (w) ambassidsch Botschaft (dipl.)
amh [aimhe] aw [awe] roh
an aghaidh *(+ 2. Fall)* an a'i gegen
an ath-thuras an a-hurrass nächstes Mal
an dèidh sin an dschäi schin dann, danach
An Eilbhis An Ällewisch Schweiz
an Iar (m) an iar Westen
An Ostair (w) An Osteth Österreich
an tè seo an tschee scho diese(r,s)
an uair sin an uath schin dann, danach
an-asgaidh an-aski kostenlos
an-dè an-dschee gestern
an-dèidh an-dschäi nach (Zeit)
an-diugh an-dschiu heute
an-earar an-ärer übermorgen
a-nis a-nisch jetzt
anmoch [anmoich] ananmoch [anamich] spät
ann an/am aun an/am in (zeitl., örtl.)
an-seo an-scho hier
an-sin an-schinn da, dort, dorthin

antaidh (w) anti Tante
aodach (m) üotach Kleidung
aodach-leapa (m) üotach-läpa Bettzeug
aoigh (m) üoi Gast
aoigheachd (w) üoiachk Gastfreundschaft
aois (w) üosch (Lebens-) Alter
aon turas üon turras einmal
aontaich [ag aontachadh] üontich [ak üontachagh] einverstanden
aosda [aosda] üosda [üosda] alt (nicht jung)
aotrom [aotroime] üotrom [üotrome] leicht (nicht schwer)
àrachas (m) aarachas Versicherung
aran (m) arran Brot
àras (m) aaras Wohnung
àrd [àirde] aarschd [aarschdsche] hoch, laut
a-rithist a-ri'ischt noch einmal, wieder
athair (m) ahe^th Vater

B

baile (m) balle Dorf, Stadt
balach (m) ballach Junge
balla (m) balla Wand
banca (m) banka Bank (Geld)
ban-charaid (w) bana-charitsch Freundin (allg.)
bannais [bainnse] (w) bannisch [bainsche] Hochzeit
bàs (m) baas Tod
bàsaich [a' bàsachadh] baasich [a baasachagh] sterben
bàta (m) baata Boot
bàta-aiseag (m) baat-aschäk Fähre
beag [lugha] bäk [lugha] klein
bean [mnà] (w) bän [mraa] Ehefrau
bean-taighe (w) bän-tähe Hausfrau
beartach [beartaiche] bärschtach [bärschtschiche] reich
beatha (m) bäha Leben
beathach (m) beohach Tier
beinn (w) bäin Berg
bho° wo seit
bi toilichte bi tollichtsche sich freuen
bi bi sein (Verb)
biadh (m) biagh Speise
bileag (w) bilak Formular; Prospekt
blas (m) blass Aussprache
blasda [blasda] blasta [blasta] schmackhaft
blàth [blaithe] blaa [blaie] warm
bliadhna (w) bliana Jahr
bliadhnail blianal jährlich
bochd [bochda] bochk [bochka] arm
bodach (m) bodach Alter (Person)
boireann bo^th an weiblich
boireannach (m) bo^th ennach Frau
botal (m) bochtal Flasche
bracaist (w) brachkischt Frühstück
bràmair (m) braame^th Freund(in) (intim)
bràthair (m) braahe^th Bruder
brèagha bri'a schön
briste brischtsche kaputt
bròg (w) brook Schuh
broilleach (m) broiljach Brust(korb)
brònach [brònaiche] broonach [brooniche] traurig
brot (m) brocht Suppe
bruich [a bruich] bruich [a bruich] kochen (etw.)

bruidhinn [a' bruidhinn] ri bri'in [a bri'in] ri sprechen (mit jem.)
buail [a' bualadh] bual [a bulagh] schlagen
buidhnean [buidhne] (w) buinen [buine] Gruppe
bus (m) bass Bus
bùth [bùtha] (w) buu [buu'a] Geschäft (Laden)
bùth-chungaidhean (w) buu-chungi'en Apotheke

C

cadail [a' cadal] katal [a katal] schlafen
càil kal nichts
caill [a' call] kall [a kaull] verlieren (Dinge)
cailleach (w) kaljach Alte (Person)
càin (w) kaan Gebühr
càirdeal (ri + *Person*) **[càirdeile]** kaardschel (ri) [kaardschele] freundlich (zu jem.)
càirdeas (m) kaarschdschess Freundschaft
cairt (w) kaarscht Karte
cairt-phuist (w) kaarscht-fuscht Postkarte
càite? *(+ abhängige Verbform)* kaatsch a wo?, wohin?
camara (m) kamara Fotoapparat
cànan (m) kaanan Sprache
caol [caoile] küol [küole] eng
càr (m) kaar Auto, Wagen
caraich [a' caradh] karich [a karagh] reparieren
caraid (m) karitsch Freund (allg.)
carbad-eiridinn (m) karrabat-e^th^idschin Rettungswagen
carson? karsson warum?
cas (m) kass Fuß
casgan (m) kaskan Kondom
cead (m) kät Erlaubnis
cead-siubhail (m) kett-schual Ausweis, Pass
ceannaich [a'ceannachd] keannich [a keannachk] kaufen
ceannard (m) keannarscht Chef
ceann-latha (m) keaun-la'a Datum
ceàrr keaar falsch
ceart kärscht richtig
cèilidh (w) keeli Feier
cèilidh [a' cèilidh] air *(+ Person)* keeli [a keeli] äth besuchen
cèin keen ausländisch
cèineach (m) keenach Ausländer
ceist (w) käscht Frage
ceòl [ciùil] (m) keool [kiuul] Musik
cha°/chan° *(vor Selbstlaut)* cha/chan nicht
cho ... ri cho ... ri so ... wie (Vergleich)
cia mheud? *(+ Ez)* ki wiat wie viel?
ciamar? kimmer wie?
cìoch (w) kiioch Brust (weibl.)
ciontach kiuntach schuldig
clach [cloiche] (w) klach [na kloiche] Stein
clach-cuimhne (w) klach-kuine Denkmal
clann [cloinne] (w Mz) klaun [kloinnje] Kind
clàr (m) klaar Schallplatte
clàraich [a' clàradh] klaarich [a klaarach] registrieren
clàr-bidh (m) klaar-bii Speisekarte
cleachd [a' cleachdadh] kleachk [a kleachkagh] brauchen

cleachdadh (m) kleachkagh Brauch

clèireach (m) kleerach Angestellte(r)

clì klii links

clò (m) kloo Stoff

cluich [a' cluich] kluich [a kluich] spielen

cluinn [a' cluinntinn] kluin [a kluintschin] hören

cò às? ko ass woher?

cò? ko wer?

còd ionadail (m) kot inadal Vorwahl-Nr.

cò-dhùnadh [a' cò-dhùnadh] ko-ghuunagh [a ko-ghuunagh] entscheiden

coille (w) koilje Wald

coinnich [a' coinneachadh] ri *(+ Person)* konnich [a konneachagh] ri treffen (begegnen)

coisich [a' coiseachd] kooschich [a koschachk] wandern, gehen

cò-latha breith (m) koo-la'a bree Geburtstag

comasach [comasaiche] kommassach [kommassiche] möglich

comhairle (w) koohäthle Rat

comhfhurtail koo'urschtal gemütlich

còmhla ri *(+ Person)* koola ri zusammen mit

còmhnaiche (m) kooniche Einwohner

còmhradh (m) kooragh Gespräch, Unterhaltung

còrd [a' còrdadh] ri koorschd [a koorschdagh] ri gefallen

cosg [a' cosgadh] kosk [a koskagh] kosten (Preis)

craobh (w) krüow Baum

creid [a' creidsinn] krädsch [a krädschin] glauben

cridheil [cridheile] kri'el [kri'ele] herzlich

crìoch [crìche] (w) kriioch [kriiche] Ende, Grenze

crìochnaich [a' crìochnachadh] kriiochnich [a kriiochnachagh] beenden

cruaidh [cruaidhe] kruai [krua'ie] hart

cruinnich [a' cruinneachadh] kruinnich [a kruineachagh] sammeln

cudromach kutromach wichtig

cuid kutsch einige

cuideachadh (m) kudschachagh Hilfe

cuideachd kudschachk auch

cuideigin kudschegin jemand

cuidich [a' cuideachadh] kudschich [a kudschachagh] helfen

cuimhneachan (m) kuineachan Andenken

cuimhnich [a' cuimhneachadh] kuinich [a kuineachagh] sich erinnern

cuimhnich [a'cuimhneachadh] air° kuinich [a kuineachagh] äth sich merken

cuine? kuin wann?

cuir [a' cur] kuth [a kur] stellen, setzen, legen

cuir [a' cur] air dòigh kuth [a kur] äth dooi organisieren

cuir [a' cur] air falbh kuth [a kur] äth fallaw abschleppen
cuir [a' cur] a-steach òrdugh kuth [a kur] a-schtscheach oordu bestellen
cuir [a' cur] cabhag air kuth [a kur] kafak äth sich beeilen
cuir [a' cur] dheth kuth [a kur] jä ausziehen (etw.)
cuir [a' cur] fallas kuth [a kur] fallas schwitzen
cuir [a' cur] fàilte air *(+ Person)* kuth [a kur] faaltsche äth begrüßen, grüßen (jem.)
cuir [a' cur] fios air kuth [a kur] fiss äth benachrichtigen
cuir [a' cur] gu kuth [a kur] gu schicken, senden
cuireadh (m) kuragh Einladung
cuirm-ciùil (m) kurrem-kiuul Konzert
cùm [a'cumail] kum [a kumal] halten
cumanta kumanta normal
cunnartach [cunnartaich] kunnarschtach [kunnarschtich] gefährlich
cùnnt [a'cunntadh] kuunt [a kunntagh] rechnen
cùnntas (m) kunntas Rechnung
cus kuss zuviel

D

dad dat nichts
danns [a' dannsadh] (còmhla ri + *Person***)** dauns [a daunssagh] (koola ri) tanzen (mit)
daoine (m Mz) düonje Leute
daonnan düonan immer
daor [daoire] düor [düothe] teuer
dath (m) da Farbe
dathte dachtsche bunt
de dschä von
dè? dschee was?
dealbh (m) dschällaw Bild
dealbh-dùthcha (m) dschällaw-duucha Landkarte
dèan [a' dèanamh] dscheean [a dscheeanaw] tun, machen
dèan [a dèanamh] suidhe dscheean [a dscheeanaw] sui'e sich setzen
deas dschäss rechts
deas (m) dschäss Süden
dèideagan (m) dscheedschakan Spielzeug
deiseil dscheschel fertig
deise-snàmh (w) dscheesche-snaaw Badeanzug
deoch (m) dschoch Getränk
Dia (m) Dschia Gott
dìnnear [dìnnearach] (w) dschiinear [dschiinea-rach] Mittagessen
dìochuimhnich [a' dìochuimhneachadh] dschiiochuinich [a dschiiochuineachagh] vergessen
dìreach dschiithach geradeaus
do° do dein/e
do° do nach (Richtung)
do° do zu *(+ Eigenschaftswort)*
doinnean (w) donnean Gewitter
doirbh [doirbhe] dothew [dothewe] kompliziert, schwierig
domhainn [doimhne] dooin [doine] tief
dona [miosa] donna [missa] schlecht
doras (m) dorras Tür

dorch dorroch dunkel
dotair (m) dochteth Arzt
draibh [a' draibheadh] draiw [a draiwagh] fahren
draibhear (m) draiwer Chauffeur
dreuchd (m) driachk Beruf
drochaid (w) drochitsch Brücke
dual-chainnt (w) dual-chaintsch Dialekt
duilleag (w) duljak Blatt (Papier/Baum)
duine (m) dünje Mensch; Mann; Ehemann
dùisg [a' dùsgadh] duuschk [a duusgagh] wecken; aufwachen
dùn (m) duun Burg
dùthaich [dùthcha] (w) duu'ich [duu'cha] Land
dùthaich chèin (w) duuich cheen Ausland

E

eachdraidh (w) eachdri Geschichte (Historie)
eadar ätter zwischen
eadar-nàiseanta ätter-naaschenta international
eadar-theangaich [ag eadar-theangachadh] ätter-hängich [ak ätter-hängachagh] übersetzen (Sprache)
eagal (m) ekal Angst
eaglais (w) äklisch Kirche
ealan (w) ealan Kunst
Ear (m) Äar Osten
earrach (m) ärrach Frühling
èibhinn [èibhinne] eewin [eewinje] lustig
Eilbhiseach (m) Ällewischach Schweizer(in)
eilean (m) ällan Insel
èirich [ag èirigh] eethich [ak eethi] aufstehen
eisimpleir (w) äschimpläth Beispiel
eugh [ag eughadh] eew [ak eewagh] rufen, schreien
eun (m) een Vogel
euslainteach (m) iaslaantschach Patient

F

facal (m) fachkal Wort
faclair (m) fachkleth Wörterbuch
factoraidh (w) fachktori Fabrik
fad às fat ass fern
fada [fhaide] fata [adsche] lang (Entfernung), lang(e) (Zeit)
fadalach [fhadalaiche] fatalach [ataliche] verspätet
fàg [a' fàgail] faak [a faakel] aussteigen (z. B. Bus)
faic [a' faicinn] fächk [a fächkin] sehen
faigh [a' faighinn] fai [a fai'in] finden; erhalten
faighnich [a' faighneachd] de *(+ Person)* fainich [a faineachk] dschä fragen, erfragen (von jem.)
fairich [a' faireachdainn] fathich [a fatheachkin] sich fühlen
faisg [fhaisge] faschk [aschke] nah
falamh [falaimhe] falaw [falaiw] leer
falbh [a' falbh] fallaw [a fallaw] abreisen, abfahren
fallainn [fallainn] fallain [fallain] gesund
fan [a' fantainn] fann [a fanntin] warten
faod füot dürfen

fàs [a' fàs] faas [a faas] werden
fasan (m) fassan Mode
feadhainn fjooin einige
fear/bean an taighe (m) fär/bän an tähe Gastgeber/-in
feasgar (m) fäsker Nachmittag, Abend
fèis (w) feesch Fest
feòil [feòla] (w) feool [feoola] Fleisch
feuch [a' feuchainn] fiach [a fiachin] kosten (probieren)
feuch [a' feuchainn] ri fiach [a fiachin] ri versuchen
feumaidh feemi müssen
feur [feoir] (m) fiar [feoo^th] Gras
fhad 's a at ssa während
fhathast ha'ast noch
fhèin heein selbst
fiabhras (m) fiawras Fieber
fiaclair fiachkle^th Zahnarzt
fiolm (m) fillem Film
fìor fiir wahr
fiosrachadh (m) fissrachagh Auskunft, Information
fliuch [fliche] fliuch [fliche] feucht, nass
flùr (m) fluur Blume
fo° fo unter
foghar (m) fo'er Herbst
fois fosch Pause
fòn (m) foon Telefon
fòn [a' fònadh] foon [a foonagh] telefonieren
forc (w) forrek Gabel
fortan (m) foorschtan Glück
fosgail [a' fosgladh] foskal [a fosglagh] öffnen
fo-sgrìobh [a' fo-sgrìobhadh] fo-skriiw [a fo-skriiwagh] unterschreiben
freagair [a' freagairt] fräkar [a fräkarscht] antworten
freagairt (w) fräkarscht Antwort
fuar [fhuaire] fuar [ua^th e] kühl, kalt
fuaradair (m) fuarade^th, Kühlschrank
fuirich [a' fuireach] fu^th ich [a fu^th ach] bleiben; wohnen
furasda [fhasa] furasta [assa] einfach

G

gabh [a' gabhail] gaw [a ga'al] nehmen
gabh [a' gabhail] bracaist gaw [a ga'al] brachkischt frühstücken
gabh [a' gabhail] fois gaw [a ga'al] fosch sich erholen
gabh mo leisgeul! gaaw mo leschkel entschuldige!
gach aon gach üon jeder
gach turas gach turras jedesmal
gainmheach (w) gänewach Sand
gallda gaullta fremd
gaoth [gaoithe] (w) güo [na güoi'e] Wind
garaid (w) garitsch Autowerkstatt
gàrradh (m) gaarragh Garten
gas (m) gas Gas
geamhradh (m) geauregh Winter
gearan [a' gearan] gärran sich beschweren
Gearmailteach (m) Gerremaltschach deutsch; Deutsche(r)
geur [gèire] giar [gee^th e] sauer; scharf

giùlain [a' giùlan] guulan [a guulan] tragen
glaine (w) glanje Glas (Trink-)
glan [glaine] glan [glanje] sauber
glan [a' glanadh] glan [a glanagh] sauber machen
glaodh [a' glaodh] glüogh [a glüogh] weinen
glasraich (w) glassrich Gemüse
gleann [glinne] (m) gleaun [glinnje] Tal
glic [glice] glichk [glichke] klug
gloine (w) gloinje Glas (Material)
gnothach (m) gro'ach Geschäft (Tätigkeit)
goirid [giorra] go^th^itsch [girra] kurz
gòrach [gòraiche] goorach [gooriche] dumm
gràmar (m) graamar Grammatik
grian [grèine] (w) grian [greene] Sonne
grod grot faul (Obst)
gu gu nach (Richtung)
gu/gum/gun *(+ abhängige Verbform)* gu/gum/gun dass
gu bhith gu wi etwa
gu bràth gu braach niemals (in der Zukunft)
gu h-obann gu hopan plötzlich
gu leòr gu leoor genug
gun dàil gun daal sofort
gun° gun ohne
gus guss bis, damit, um
guth (m) gu Stimme

I

iarr [ag iarraidh] iarr [ak iarri] wollen
iasg [èisg] (m) iask [eeschk] Fisch
inneal telebhisein (m) inneal telewischen Fernsehgerät
innis [ag innse] breug i'isch [ak iinsche] briak lügen
innis [ag innse] do° *(+ Person)* i'isch [ak iinsche] do erzählen
inntinneach [inntinnich] iintschiinach [iintschiinich] interessant
iomlaid [ag iomlaid] iumlitsch [ak iumlitsch] umtauschen
ionad (m) inat Platz
ionnsaich [ag ionnsachadh] iunsich [ak iunsachagh] lernen
is is und *(Kurzform von* **agus***)*
is is sein (Verb)
itealaich [ag itealaich] itschalich [ak itschalich] fliegen
itealan (m) ichtschalan Flugzeug
ith [ag ithe] ich [ak iche] essen
iuchair [iuchrach] (w) iuchar [iuchrach] Schlüssel

L

labhairt [a' labhairt] lawarscht [a lawarscht] reden
lagh (m) lagh Gesetz
làidir [treasa] laadschi^th^ [trässa] stark
laigh [a' laighe] lai [a laie] legen; liegen
làitheal laaiel täglich
làmh [làimhe] (w) laamw [laaiwe] Hand
lampa (m/w) lampa Lampe
làn [làine] laan [laan] satt
làn laan voll

làrach-campaidh (w) laarach-kampi Zeltplatz
lasaran (m) lassaren Streichhölzer
latha (m) la'a Tag
le ... *(+ Person)* **fhèin** lä ... heein allein
le lä mit
leabaidh [leapa] (w) läpi [läpa] Bett
leabhar (m) ljo'or Buch
leann (m) leaun Bier
leathann lähan breit
leibh läiw danke
leigheas-chungaidhean (m) lei'as-chungi'en Medikament
leisg [leisge] läschk [läschke] faul (träge)
leth (m) lä Hälfte
leugh [a' leughadh] lee [a leewagh] lesen
litir [litreach] (w) lichtschith [litrach] Brief
loch [locha] (m) loch [locha] See
loisg [a' losgadh] loschk [a loskagh] brennen; schießen
lom loum nackt
long [luinge] (w) long [luinge] Schiff
lorg [a' lorg] lorrek [a lorrek] suchen; finden
luath [luaithe] lua [luaie] schnell
lùchairt (w) luucharscht Palast, Schloss (Gebäude)
lus (m) luss Pflanze

M

ma ma wenn (falls)
mac (m) machk Sohn
madainn [maidne] (w) mattin [matnje] Morgen, Vormittag
mair [a' maireann] math [a mathenn] dauern
màla (m) maala Tasche
màlaid (w) maalidsch Koffer
malairt (w) malarscht Handel
mapa (m) machpe Landkarte
mar sin mar schinn darum, deshalb
marbh marraw tot
marbh [a' marbhadh] marraw [a marrawagh] töten
margadh (m) maragagh Markt
math [fèarr] ma [faar] gut [besser]
màthair (w) maaheth Mutter
meadhan a' bhaile (m) mi'an a walle Zentrum (Stadt)
meadhan-latha (m) mi'an-la'a Mittag
mearachd (w) märrachk Fehler
meas (m) mäss Frucht
measan (m) mässan Obst
mèirle (w) meerle Diebstahl
meud (m) meet Größe (Kleidung u. ä.)
meur [meòir] (w) meer [meoor] Finger
milis [milse] millisch [milsche] süß
mìnich [a' mìneachadh] minich [a mineachagh] erklären
mionaid (w) minnatsch Minute
mionaideach [mionaidich] minnatschach [minnatschich] genau
mìos [mìosa] (w) miioss [miiossa] Monat
mo° mo mein/e
modhail [modhaile] moghel [moghel] höflich
mol [a' moladh] moll [a mollagh] empfehlen
mòr [motha] moor [mo'a] groß

motar (m) motar Motor
muinntir (w) munntschith Leute
muir [mara] (w) muuth [marra] Meer
mullach (m) mullach Dach
mus muss bevor
mu thràth mu raa schon

N

na na als (Vergleich)
nàdar (m) naater Natur
nàdarrach [nàdarraiche] naaterrach [naaterriche] natürlich (nicht künstl.)
naidheachd (w) nai'achk Nachricht
'na shuidhe na hui'e sitzen
neach neach Person
neach-naidheachd (m) neach-naiachk Journalist
neo no oder
neo-chiontach no-chiuntach unschuldig
nigh [a' nighe] ni'e [a ni'e] waschen
nigh [a' nighe] *(+ Person)* **fhèin** ni'e [a ni'e] heein sich waschen
nighean (w) ni'en Mädchen; Tochter
no no oder
nuair a nuath a als (zeitl.)
nuair a nuath a wenn (als)

O

obraich [ag obair] oprich [ak oper] arbeiten
obraiche (m) opriche Arbeiter(in)
òg [òige] oog [ooige] jung
oidhche (w) oiche Nacht
oifis (w) offisch Büro
oifis a' phuist (w) offisch a fuscht Post(amt)
oileanach (m) ollanach Student
oilthigh (m) ollhai Universität
oir ooth weil
òl [ag òl] ool [ak ool] trinken
ola (m) ola Öl
òr [òir] (m) oor [ooth] Gold
òran (m) ooran Lied
òrdugh (m) oordu Bestellung
ospadal (m) ospatal Krankenhaus
Ostaireach (m) Ostethach Österreicher(in)

P

pacaid (w) pachkidsch Päckchen, Paket
pàigh [a' pàigheadh] päi [a pä'agh] zahlen, bezahlen
pàipear (m) paaichper Papier
pàipear [-an] (m) paaichper [-an] Dokument(e)
pàipear-naidheachd (m) paaichper-naiachk Zeitung
pàipear-tòin (m) paaichper-ton Toilettenpapier
pàirc (w) park Park
pàrantan paarantan Eltern
pathadh (m) pa'agh Durst
peansail (m) penssil Bleistift
peant [a' peantadh] pänt [a päntagh] malen
peatrol (m) pätrol Benzin
pian (m) pian Schmerz
pile (m) pille Tablette
pìos (m) piis Stück
piuthar (w) piuher Schwester
plana (m) plana Plan

plàst [plàsta] (m) plaast [plaasta] Heftpflaster
plèana (m) pleena Flugzeug
poileas (m) polles Polizei
poileataigeachd (w) politigeachk Politik
poit (w) poichtsch Gefäß
pongail [pongaile] ponkal [ponkal] pünktlich
port (m) porscht Hafen
port-adhair (m) porscht-ahe^th Flughafen
prìobhaideach priwadschach privat
prìosan (m) priissan Gefängnis
prìs (w) priisch Preis, Fahrpreis
prògram (m) proogram Programm

R

rach [a' dol] (air bus) rach [a doll] (ä^th bass) einsteigen (in den Bus)
rathad (m) ra'at Straße
rathad-iarrainn (m) ra'at-iaran Eisenbahn (Zug)
reachd (m) reachk Recht
reic [a' reic] reechk [a reechk] verkaufen
rèidio (m) reedio Radio
reòiteag (w) rootschak Eis (Speise-)
ri chèile ri cheele einander
ri taobh *(+ 2. Fall)* ri tüow neben
ri ri zu *(+ Eigenschaftswort)*
riamh riaw niemals (in der Vergangenheit)
ro° ro vor
roimhe reue vorher
ròpa (m) roochpa Seil
rosgrann (m) roskran Satz (Grammatik)
rothair (m) rohe^th Fahrrad
rud (m) rut Ding, Sache
rud beag rut bäk bisschen
rud-eigin rut-egin etwas
ruig [a' ruigsinn] ruk [a rukschin] ankommen
ruith [a' ruith] rui [a rui] laufen, rennen
rùm (m) ruum Raum
rùm-ionnlaid (m) ruum-iunlätsch Badezimmer
rùm-cadail (m) ruum-katal Schlafzimmer

S

's s und
's dòcha sdoocha vielleicht
's urrainn do° *(+ Person)* ssurrinn do können
sàbhail [a' sàbhaladh] ssaawal [a ssaawalagh] sparen
sàbhailte ssaawiltsche sicher
salach [salaiche] ssalach [ssaliche] schmutzig
salann (m) ssallan Salz
samhradh (m) ssauregh Sommer
saor [saoire] ssüor [ssüo^the] billig
saor [saoire] ssüor [ssüo^the] frei
saor-làithean (m Mz) ssüor-lai'en Ferien
saor-làithean (m Mz) ssüor-lai'en Urlaub
Sasannach Ssassanach englisch; Engländer(in)
seachdain [seachdaine] (w) scheachkin [sseachkinje] Woche
seall [a'sealltainn] schaull [a schaultin] zeigen
sean [sine] schenn [schine] alt (nicht neu)
seanair (m) schänne^th Großvater
seanmhair (w) schännewe^th Großmutter

seann-fhàsanta schaun-assanta rückständig
seas [a' seasamh] schäss [a schässamw] stehen
seic (w) schechk Scheck
seinn [a' seinn] schäinn [a schäinn] singen
seòladh (m) schoolagh Adresse
seòmar (m) schoomer Zimmer
sgeul [sgeòil] (w) skial [skeool] Geschichte (Erzählung)
sgian [sgèine] (m) skian [skene] Messer
sgìre (w) skii^th^e Gegend
sgìth [sgìthe] skii [skii'e] müde
sgoil (w) skol Schule
sgoilear (m) skoller Schüler(in)
sgoinneil [sgoinneil] skonneil [skonneil] ausgezeichnet
sgrìobh [a' sgrìobhadh] skriiw [a skriiwagh] schreiben
sgudal (m) skudal Müll
sguir [a' sguir] sku^th^ [a sku^th^] aufhören
shìos hiioss unten
shuas huass oben
siabann (m) schiapan Seife
sibh schiiw Sie (höfl. Anrede)
sìde [sìde] (w) schiidsche [schiidsche] Wetter
sin schin dies
sìoda (m) ssiida Seide
sìon schian nichts
siosar (m) schisser Schere
sìth (w) schii Frieden
siubhail [a' siubhal] schual [a schual] reisen
slàinte (w) slaantsche Gesundheit
slàn slaan ganz (nicht kaputt)
slaodach [slaodaiche] slüotach [slüotiche] langsam
slighe (w) schli'e Weg
slighe a-mach (w) schli'e a-mach Ausgang
slighe a-steach schli'e a-schtscheach Eingang
sloinneadh (m) slonjagh Familienname
sluagh (m) sluagh Volk
smaoinich [a' smaoine-achadh] smüonich [a smüoneachagh] denken
smoc [a' smocadh] smok [a smochkegh] rauchen
snàmh [a' snàmh] snaaw [a snaaw] baden, schwimmen
snathad (w) sna'at Spritze
snathad (w) sna'at Nadel
soirbheachas (m) ssorrewachas Erfolg
solas (m) ssollass Licht
sona [sona] ssona [ssona] fröhlich, zufrieden
spàin (w) spaan Löffel
speuclairean (m Mz) spiachkla^th^an Brille
spiosradh (m) spiisrach Gewürz
spòrs (m) spoors Sport
stad [a' stad] stat [a stat] anhalten
staidhre [staidhreach] (w) stai^th^e [stairach] Treppe
stampa (m) stampa Briefmarke
stèisean (m) steeschen Bahnhof
stèisean-peatroil (m) steeschen-pätrol Tankstelle
suim (w) ssuim Summe
sùipear (m) suichper Abendessen

T

tachartas (m) tachartas Ereignis
tacsaidh (m) tachksi Taxi

tadhail [a' tadhal] air tahel [a tahel] äth besichtigen
taigh (m) tai Haus
taigh-beag (m) tai-bäk Toilette
taigh-dhealbh (m) tai-jällaw Kino
taigh-chluich (m) tai-chluich Theater
taigh-òsda (m) tai-oosta Gaststätte, Hotel
taigh-seinnse (m) tai-schäinnsche Kneipe
taigh-tasgaidh (m) tai-taski Museum
tàirneanaich is dealanaich (m) taarneanich is dschälanich Gewitter
taisbeanadh (m) taschbänagh Ausstellung
talamh [talmhainn] (w) talaw [talawin] Erde
tàmh (m) taaw Ruhe
tana tanna dünn
taobh (m) tüow Seite (Richtung)
tapadh leat tachpa lät danke
teagaisg [a' teagasg] tschäkischg [a tschäkasg] unterrichten (lehren)
teaghlach (m) tschealach Familie
teanta (m) tänta Zelt
teine (w) tschänne Brand, Feuer
teth [teotha] tschä [tscho'a] heiß
tha am pathadh air *(+ Person)* ha am pa'agh äth Durst haben
tha an cnatan air *(+ Person)* ha an krachtan äth erkältet sein
tha eagal air (+ Person) ha äkal äth sich fürchten (vor)
tha fios aig (+ Person) ha fiss äk wissen
tha mi an dòchas gu *(+ abhängige Verbform)* ha mi an doochass gu hoffen
tha ùidh aig ... *(Person)* **air ...** *(Sache)* ha uui äk ... äth ... sich interessieren (für) („ist Interesse bei *Person* auf *Sache*")
thig [a' tighinn] hik [a tschi'in] kommen
thig [a' tighinn] a-steach hik [a tschihin] a-schtscheach eintreten
thoir pòg do° hooth pook do küssen
thoir [a' toirt] le hooth [a torscht] lä bringen (mitbringen)
thoir [a' toirt] cead do° hooth [a torscht] kät do erlauben
thoir [a' toirt] do° hooth [a torscht] do geben
thoir[a' toirt] gu hooth [a torscht] gu bringen nach, wegbringen
thoir[a' toirt] seachad cuireadh hooth [a torscht] sseachat kuragh einladen
thoir [a' toirt] taing do° *(+ Person)* hooth [a torscht] taing do danken
ticead (m) tichket Fahrkarte
ticead plèana (m) tichket pleena Flugticket
tidsear (m) tidscher Lehrer(in)
tinn [tinne] tschiin [tschinje] krank
tinneas (m) tschinneas Krankheit
tiodhlag (w) tschiolagh Geschenk
tìoraidh tschiiori tschüss
tioram [tiorma] tschiram [tschirrema] trocken

tiugh tschiu dick
tog [a' togail] tok [a tokal] bauen; heben
tog [a' togail dealbh] tok [a tokal dschällaw] fotografieren
togalach (m) tokalach Gebäude
toilichte [toilichte] tollichtsche [tollichtsche] glücklich
toirmisgte tothemischktsche verboten
tòisich [a' tòiseachadh] tooschich [a tooschachagh] anfangen
toll (m) taull Loch
tombaca (m) tombachka Tabak
tòrr *(+ 2. Fall)* toor viel
tradaisean (m) tradischen Tradition
tràigh [traghad] (w) traai [tra'at] Strand
trang [trainge] trang [trainge] fleißig
tràth [tràithe] traa [traaie] früh
trèana (m) trään Eisenbahn, Zug
tric [trice] trichk [trichke] oft
trioblaid (w) triblidsch Problem
tro° troo durch (hindurch)
trod [a' trod] trot [a trot] streiten
trom [truime] troum [truime] schwer (nicht leicht)
tuath (m) tua Norden
tuathanach (m) tua'anach Bauer
tubaist (w) tupischt Unfall
tubhailt (w) tuwaltsch Handtuch
tuig [a' tuigsinn] tuk [a tugschinn] verstehen
tuilleadh tuiljagh mehr
tuit [a' tuiteam] ann an gaol tuichtsch [a tuichtschem] aun an güol sich verlieben
tùr (m) tuur Turm
turas (m) turass Reise
turasdal (m) turastal Lohn, Gehalt

U

uair a thìde (w) uath a hiidsche Stunde
uaireadair (m) uathadeth Uhr
uaireannan uuthanan manchmal
ugh (m) [Mz: uighean] u [ui'en] Ei
uinneag (w) unnjak Fenster
uisge (m) üschke Wasser, Regen
uisge-beatha (m) üschke-bäha Whisky
uncail (m) unkal Onkel
ùr [ùire] uur [uuthe] neu; frisch (Obst)
urlar (m) urlar Etage

Der Autor

Michael Klevenhaus, geboren 1961 in Bonn, lebt im Siebengebirge. Nach einigen Semestern des Studiums der Keltologie in Bonn begann Michael Klevenhaus 1996 Schottisch-Gälisch am College Sabhal Mòr Ostaig auf Skye zu lernen. Er baute ab 1998 das Kurssystem für Schottisch-Gälisch an einer Abteilung des Sprachwissenschaftlichen Instituts der Universität Bonn auf. Dort unterrichtete er von 1998-2002. Im Dezember 2002 eröffnete er die einzige professionelle Sprachschule für Schottisch-Gälisch in Deutschland schottisch-gaelisch.de. Hier bietet Klevenhaus Schottisch-Gälisch in Abendkursen und Wochenendworkshops, sowie Musik- und Liederworkshops auch mit Gastdozenten aus Schottland an. Am College Sabhal Mòr Ostaig unterrichtet Klevenhaus inzwischen selbst einen Sommerkurs. Er leitet die nach einem seiner Lehrer benannte Chris Dillon Sommerschule auf der Hebrideninsel South-Uist. Seit 2001 arbeitet er regelmäßig als Deutschland-Radiokorrespondent für das gälischsprachige Radio BBC-Radio nan Gàidheal und moderierte 2004 eine Fernsehreportage für BBC 2 auf Gälisch aus Deutschland. 2003 organisierte er FILMALBA , das erste gälische Filmfestival in Deutschland. Zusammen mit Thomas Zöller (Dudelsack) und Gastmusikern tritt er mit dem Musikensemble Às a' Phìob für traditionelle Musik auf und präsentiert auch Soloabende mit und über gälische Folklore.

Michael Klevenhaus schreibt Artikel für gälische Zeitschriften, hält Vorträge auf und über Schottisch-Gälisch und ist Mitbegründer der Deutsch-Gälischen Gesellschaft Comunn Gàidhlig na Gearmailt.